Heidelberger Taschenbücher Band 142

R. Alletsee · H. Jung · G. Umhauer

Assembler III

Ein Lernprogramm

Mit einem Geleitwort von
Prof. Dr.-Ing. E. h. Konrad Zuse

Mit über 300 Abbildungen
und Formularen und 60 Aufgaben

Vierte, neubearbeitete Auflage

Springer-Verlag
Berlin Heidelberg New York
London Paris Tokyo 1988

RAINER ALLETSEE
HORST JUNG
Siemens Aktiengesellschaft, Unternehmensbereich
Kommunikations- und Datentechnik, München
GERD F. UMHAUER
München

ISBN-13: 978-3-540-18324-2   e-ISBN-13: 978-3-642-72966-9
DOI: 10.1007/978-3-642-72966-9

CIP-Kurztitelaufnahme der Deutschen Bibliothek.
Alletsee, Rainer: Assembler : e. Lernprogramm / R. Alletsee ; H. Jung ; G. Umhauer. Mit e.
Geleitw. von Konrad Zuse.
Berlin ; Heidelberg ; New York ; London ; Paris ; Tokyo : Springer.
1. u. 2. Aufl. verf. von Rainer Alletsee u. Gerd F. Umhauer. – Teilw. mit d. Erscheinungsorten:
Berlin, Heidelberg, New York 4 u. d. T.: Kramer, Hasso: Assembler.
NE: Jung, Horst:; Umhauer, Gerd F.: 3.–4., neubearb. Aufl. – 1988.
(Heidelberger Taschenbücher ; Bd. 142)
ISBN-13: 978-3-540-18324-2

NE: GT

Dieses Werk ist urheberrechtlich geschützt. Die dadurch begründeten Rechte, insbesondere die
der Übersetzung, des Nachdrucks, des Vortrags, der Entnahme von Abbildungen und Tabellen,
der Funksendung, der Mikroverfilmung oder der Vervielfältigung auf anderen Wegen und der
Speicherung in Datenverarbeitungsanlagen, bleiben, auch bei nur auszugsweiser Verwertung,
vorbehalten. Eine Vervielfältigung dieses Werkes oder von Teilen dieses Werkes ist auch im
Einzelfall nur in den Grenzen der gesetzlichen Bestimmungen des Urheberrechtsgesetzes der
Bundesrepublik Deutschland vom 9. September 1965 in der Fassung vom 24. Juni 1985 zulässig.
Sie ist grundsätzlich vergütungspflichtig. Zuwiderhandlungen unterliegen den Strafbestimmungen
des Urheberrechtsgesetzes.

© Springer-Verlag Berlin, Heidelberg 1974, 1977, 1979, 1981 und 1988.

Die Wiedergabe von Gebrauchsnamen, Handelsnamen, Warenbezeichnungen usw. in diesem
Werk berechtigt auch ohne besondere Kennzeichnung nicht zu der Annahme, daß solche Namen
im Sinne der Warenzeichen- und Markenschutz-Gesetzgebung als frei zu betrachten wären und
daher von jedermann benutzt werden dürften.

Gesamtherstellung: Druckhaus Beltz, Hemsbach/Bergstr.
2362/3020-543210

Geleitwort

Als die Computer nach ihren ersten Pionierjahren etwa zwischen 1950 und 1960 in die Praxis Eingang fanden, ließ sich kaum voraussehen, welche Bedeutung einmal der organisatorische Teil einschließlich der Programmierung erlangen würde. Heute wissen wir, daß beim Computereinsatz die sogenannte »Software« mindestens so wichtig ist, wie die eigentliche »Hardware«. Auch dabei haben wir ein weites Feld, welches von strengen Theorien bis zu praxisbezogenen Arbeiten reicht.
Das vorliegende Buch dient nun voll und ganz dem praktischen Einsatz der Computer. Es gibt ein gutes Bild davon, welche ungeheure Kleinarbeit zu leisten ist, um die moderne elektronische Datenverarbeitung in Gang zu setzen und in Betrieb zu halten. Das zwingt zu einer neuen Geisteshaltung und zu einer strengen Disziplin in der Verwendung von Ideen und Mitteln. Jedes Zeichen, jede Aktion, jede Anweisung muß gut durchdacht sein, und es ist kein Platz für Schwärmerei mit unausgegorenen Ideen.
So könnte sich die Datenverarbeitung auch über ihr eigenes Arbeitsgebiet hinaus positiv auswirken und in einer in vieler Hinsicht verworrenen Zeit formend und bildend für die ganze Gesellschaft wirken, indem ihr Geist über eigentliche Fachkreise hinaus wirksam wird.

Hünfeld, im August 1973   Konrad Zuse

Vorwort zur vierten Auflage

Diese Auflage enthält im Wesentlichen drei Änderungen gegenüber der dritten Auflage.
1. Der Datenträger Lochkarte wird nur noch in Teil I verwendet. In Teil II und III wird der Plattenstapel als Datenträger verwendet.
2. Die Ein-/Ausgabe mit dem Datenverwaltungssystem wird nur angedeutet. Sie wird nun im Supplementband (Teil IV) ausführlich erläutert.
3. Als neue Form der Ein-/Ausgabe werden die Ablaufteilmakros – RDATA, WRLST und WROUT – in Teil II und III eingesetzt.

München, im Dezember 1987   Horst Jung

Vorwort zur ersten Auflage

Alle Bereiche aus Wirtschaft, Wissenschaft, Technik und Verwaltung bedienen sich in der Praxis in zunehmendem Maße der modernen elektronischen Datenverarbeitung.
Dabei erweist es sich in vielen Anwendungsfällen als besonders effektiv, wenn die technischen Möglichkeiten dieser Anlagen auch wirklich genutzt werden, d. h. in möglichst maschinennaher Sprache – speicherplatz- oder zeitoptimal – programmiert werden kann. Das aber setzt fachlich fundierte Sachkenntnis voraus.
Der Bedarf an qualifizierten Fachleuten wächst heute schon schneller, als er von den öffentlichen, den privaten oder den Schulen der Hersteller

von Datenverarbeitungsanlagen befriedigt werden kann. Es ist das Ziel des vorliegenden dreiteiligen Lernprogramms »Assembler«, hier eine Brücke zwischen Theorie und Praxis zu schlagen.

Das Buch ist – neben seinem Wert für den (Anfangs-)Programmierer – ebenfalls gedacht für die sekundär mit dem Assembler befaßten Berufe, wie Operateure, Wartungstechniker, Organisatoren, Systemberater und Vertriebsbeauftragte, zugleich jedoch auch – und dies erweist sich in den heutigen Bildungs- und Ausbildungskonzepten – für Informanden, Schüler, Studenten oder Lehrer weiterführender Schulen. Die Assemblersprache vermittelt dabei einen außergewöhnlich engen Kontakt zur praktischen Datenverarbeitung. Durch die Konzeption als Lernprogramm konnte die abstrakte Definition der Assemblersprache obendrein so aufbereitet werden, daß die Basis für das Verständnis auch eines der strengen algorithmischen Denkweise ungewohnten Lesers geschaffen wurde. Einerseits wurde das Assembler-Reglement zwar hinreichend exakt erhalten, andererseits aber wurden die formalen Regeln aus didaktischen Gründen so großzügig ausgelegt, daß sie dem sich einarbeitenden Leser stets verständlich bleiben.

Der Stoffumfang der drei Teile ist bei aller bewußten Beschränkung so gewählt, daß er etwa dem in den meist zweiwöchigen Grundlehrgängen vermittelten Wissen entspricht. Die behandelten Sprachelemente und -regeln sind, obwohl die Assemblersprache zu den anlagenabhängigen Sprachen zählt, auf der Basis der Siemens-Systeme 4004 und 7.700 sowie der IBM-Systeme 360/370 und des Univac-Systems 9000 weitestgehend identisch.

Der dritte Teil enthält die Dualarithmetik, die Adressenrechnung, die Code-Umsetzung und die Druckaufbereitung mit dem EDIT-Befehl.
Der Anstoß zur Entwicklung des vorliegenden Lernprogramms »Assembler« kam aus dem Hause Siemens, insbesondere aus der dortigen Schule für Datenverarbeitung. Durch die wertvollen Anregungen und Hinweise zahlreicher Mitarbeiter und die vielen uns zur Verfügung gestellten Erfahrungen konnte das Gesamtvorhaben in relativ kurzer Zeit erstellt und zugleich zur letzten Ausprägung gebracht werden.

Dem Springer-Verlag gilt unser besonderer Dank für die druck- und satztechnische Beratung, das Eingehen und Entgegenkommen bei Aufmachung und Ausstattung sowie die freundliche Betreuung des Vorhabens in allen Phasen seiner Entstehung.

München, im April 1974　　　　　　　　　　　　　　　R. Alletsee
　　　　　　　　　　　　　　　　　　　　　　　　　　G. Umhauer

Hinweise für Teil III

Lernziele
Nach Durcharbeiten von Teil III können Assemblerprogramme mit Festpunktarithmetik, Indexadressierung, Adressenrechnung, Druckaufbereitung (Edit) und Code-Umsetzung programmiert werden. Weiterhin können die Möglichkeiten der Programmunterteilung und -verknüpfung sowie der Überlagerungstechnik beurteilt werden.

Voraussetzungen
Um den vorliegenden Band mit Erfolg durcharbeiten zu können, sollten die Grundkenntnisse der Assemblersprache vorhanden sein, wie sie in den Teilen I und II dieses Lernprogramms vermittelt werden.

Handhabung
Die in dem vorliegenden Buch angewandte Lernmethode umfaßt einen *Lernteil* (Kapitel 1 bis 4), einen *Lösungsteil* (Kapitel 5) und einen *Anhang* (Kapitel 6). Durch die Beantwortung der Fragen im Lernteil können Verständnis und Wissen überprüft werden. Die Lösungen der jeweiligen Aufgaben sind im Lösungsteil aufgeführt.
Der Anhang dient vornehmlich als Nachschlagewerk, in dem eine Zusammenfassung aller behandelten Befehle und Anweisungen enthalten ist, und sollte vor allem dann benutzt werden, wenn verschiedene Sachgehalte im Lernteil selbständig aufzusuchen sind.

Inhaltsverzeichnis

1. Festpunktarithmetik mit Registerbefehlen 1
   1.1. Vergleich der Datenformate 1
   1.2. Die Konvertierungsbefehle CVB und CVD 3
   1.3. Registerbefehle im Format RR 5
      1.3.1. Addition und Subtraktion, AR, SR 6
      1.3.2. Lade- und Vergleichsbefehl, LR, CR 7
      1.3.3. Multiplikation und Division, MR, DR 9
   1.4. Arithmetikprogramm – Codierung 11

2. Festpunktarithmetik mit RX-Befehlen 15
   2.1. Der Befehlstyp RX und Indizierung 15
   2.2. Wort-, Halbwortbefehle und Konstanten 17
      2.2.1. Konstantendefinition von Festpunktzahlen, DC(H,F) 17
      2.2.2. Die Befehle A, AH und S, SH 18
      2.2.3. Die Befehle C, CH und L, LH 19
      2.2.4. Die Befehle M, MH und D 20
      2.2.5. Store-Befehle, ST, STH 22
   2.3. Tabellenverarbeitung als Anwendung der Indexadressierung .. 23

3. Adressenrechnung 27
   3.1. Aufgabenstellung 27
   3.2. Anwendungsregeln der expliziten Adressierung 32
   3.3. Adressenkonstanten 34
   3.4. Der Befehl »Laden Adresse«, LA 35
   3.5. Anwendungen der expliziten Adressierung 38
   3.6. Erweiterung der Adressierung in einem Programm ... 44
      3.6.1. Zuweisung mehrerer Basisadreßregister 44
      3.6.2. Laden mehrerer Register, LM 46
   3.7. Regeln für die wohlstrukturierte Programmierung ... 49

4. Spezielle Befehle 52
   4.1. Druckaufbereitung 52
   4.2. Der Befehl »Edit«, ED 52
      4.2.1. Die Aufbereitungsmaske 53
      4.2.2. Markierungsschalter, Trigger 62
      4.2.3. Praktische Anwendungen 65
   4.3. Code-Umsetzung 67
   4.4. Der Befehl »Translate«, TR 67

Übungen 73

5. Lösungen 87 A1

6. Anhang	106	A20
6.1. Die Assemblersprache	107	A21
6.2. Befehle	109	A23
6.2.1. Dezimalbefehle	111	A25
6.2.1.1. Die Befehle PACK und UNPK	111	A25
6.2.1.2. Add Decimal Packed, AP	113	A27
6.2.1.3. Subtract Decimal Packed, SP	114	A28
6.2.1.4. Multiply Decimal Packed, MP	115	A29
6.2.1.5. Divide Decimal Packed, DP	116	A30
6.2.2. Festpunktbefehle	117	A31
6.2.2.1. Konvertierungsbefehle, CVB, CVD	117	A31
6.2.2.2. Additionsbefehle, A, AH, AR	118	A32
6.2.2.3. Subtraktionsbefehle, S, SH, SR	120	A34
6.2.2.4. Multiplikationsbefehle, M, MH, MR	122	A36
6.2.2.5. Divisionsbefehle, D, DR	124	A38
6.2.2.6. Vergleichsbefehle, C, CH, CR	125	A39
6.2.2.7. Ladebefehle, L, LH, LR, LM, LA	127	A41
6.2.2.8. Store-Befehle, ST, STH	130	A44
6.2.3. Sprungbefehle	131	A45
6.2.3.1. BC, BCR	131	A45
6.2.3.2. Pseudosprungbefehle	133	A47
6.2.3.3. Die Befehle BAL und BALR	134	A48
6.2.4. Logische Befehle	135	A49
6.2.4.1. Übertragungsbefehle, MVC, MVI, MVZ	135	A49
6.2.4.2. Vergleichsbefehle, CLC, CLI	137	A51
6.2.4.3. Der Befehl Edit, ED	139	A53
6.2.4.4. Der Translate-Befehl, TR	142	A56
6.3. Assembleranweisungen	143	A57
6.3.1. Programmanfang, START	143	A57
6.3.2. Programmidentifikation, TITLE	143	A57
6.3.3. Steuerung der Protokollierung, PRINT	144	A58
6.3.4. Die USING-Anweisung	145	A59
6.3.5. Define Storage, DS	146	A60
6.3.6. Define Constant, DC	148	A62
6.3.7. Elementare und zusammengesetzte Ausdrücke	151	A65
6.3.8. Literale	152	A66
6.3.9. Die ORG-Anweisung	153	A67
6.3.10. Die END-Anweisung	154	A68
6.3.11. Die EQU-Anweisung	155	A69
6.4. Makroaufrufe	156	A70
6.4.1. Lesen eines Satzes, GET	156	A70
6.4.2. Ausgeben eines Satzes, PUT	157	A71
6.4.3. Programmende, TERM	157	A71
6.4.4. Lesen von SYSDTA, RDATA	158	A72
6.4.5. Übertragen nach SYSLST, WRLST	159	A73
6.4.6. Übertragen nach SYSOUT, WROUT	160	A74
6.5. Druckervorschubzeichen	160	A74
6.6. Logische Systemdateien	161	A75
6.7. Übersicht der behandelten Befehle	162	A76
6.8. EBCDI-Code-Tabelle	163	A77
6.9. Rechnerinterne Datendarstellung und Datenformate	165	A79

6.10. Umrechnungstabelle Sedezimal-Dezimal	166	A80
6.11. Symbole für Programmablaufpläne nach DIN 66001 – Symbole für Struktogramme	167	A81
Sachverzeichnis	169	

Inhaltsübersicht Teil I

1. Grundlagentest, einführende Überlegungen und MVC-Befehl
2. Konstanten- und Speicherbereichsdefinitionen, Assembleranweisungen, Befehlsformat, Adreßpegel und Adreßbuch
3. Stufen zum Programmlauf
4. Ein-/Ausgabe mit den Makroaufrufen GET und PUT
5. Vergleichs- und Sprungbefehle
6. Assemblerprotokoll und Test
7. Das wohlstrukturierte Assemblerprogramm
8. Lösungen und Erläuterungen zu den zahlreichen Fragen, Aufgaben und Programmübungen
9. Anhang in Form einer knappen Zusammenfassung aller behandelten Befehle und Anweisungen, jeweils mit Beispielen

Inhaltsübersicht Teil II

1. Relative Adressierung von Assemblerprogrammen (USING, BALR)
2. Programmierung der Ein-/Ausgabe mit den Makroaufrufen des Ablaufteils RDATA und WRLST
3. Funktionsweise und Erläuterung der wichtigsten logischen Befehle, Sprungbefehle, dezimalarithmetischen Befehle sowie der dazu erforderlichen Konstanten- und Speicherbereichsdefinitionen
4. Programmierung eines Lohnabrechnungsprogramms
5. Lösungen und Erläuterungen zu den zahlreichen Fragen, Aufgaben und Programmübungen
6. Anhang in Form einer knappen Zusammenfassung aller behandelten Befehle und Anweisungen, jeweils mit Beispielen

Inhaltsübersicht Teil IV

1. Runden und Erweitern von Rechenergebnissen
2. Druckaufbereitung
3. Ein- und Ausgabe von Daten
4. Unterprogrammtechnik
5. Verschiebebefehle
6. Tabellenverarbeitung
7. Logische Verknüpfungen
8. Umsetzen und Testen von Datenfeldern
9. Modifiziertes Ausführen von Befehlen – der EX-Befehl
10. Fehlersuche im Programm mit Hilfe eines Hauptspeicherabzuges
11. Codier-Praktikum
12. Anhang (mit allen behandelten Befehlen und Anweisungen)

1. Festpunktarithmetik mit Registerbefehlen

1.1. Vergleich der Datenformate

Bei den in Teil I und Teil II erarbeiteten Möglichkeiten einer rechnerischen Verarbeitung von Daten wurde stets auf die Dezimalarithmetik zurückgegriffen. Es gibt indessen noch andere »Techniken« zur Behandlung von Rechenoperationen. Die insbesondere bei größeren Datenmengen häufig angewandte Rechenmethode ist die *Festpunktarithmetik*. Wie beim Rechnen mit Dezimalzahlen das gepackte Datenformat charakteristisch ist, liegt der Festpunktarithmetik die sogenannte *Festkomma*- oder *Festpunktdarstellung* zugrunde[1].
Sowohl beim Rechnen mit Dezimalzahlen als auch mit Festpunktzahlen (das Komma befindet sich auf einem festen Platz – außerhalb der Ziffernfolge) berücksichtigt die Zentraleinheit keine Kommastellen, d. h. es kann nur mit ganzen Zahlen gerechnet werden. Die stellengerechte Behandlung von Ziffernfolgen sowie das Eliminieren oder Einfügen von Kommata muß durch das Programm erfolgen.
Während bei der Ausführung von dezimalarithmetischen Befehlen (AP, SP, MP, ...) beide Operanden im gepackten Datenformat im *Arbeitsspeicher* vorliegen, müssen bei arithmetischen Festpunktbefehlen beide Operanden in binärer Form vorliegen. Dabei muß ein Operand in einem Register stehen, der andere kann wahlweise in einem weiteren Register oder im Arbeitsspeicher vorliegen. Dadurch wird eine größere Geschwindigkeit im Ablauf arithmetischer Befehle erreicht. Das hat zur Folge, daß die Laufzeiten dieser Programme bei manchen Problemen kürzer sind als diejenigen dezimalarithmetischer Programme.
Dieser Vorteil gewinnt vor allem dann an Bedeutung, wenn eine größere Anzahl von Rechenoperationen durchzuführen ist, denn ein Arbeiten mit Festpunktbefehlen bedingt auch, daß die Zahlenwerte aus der gepackten Dezimalform in die Binärform umgewandelt und nach der Verarbeitung wieder zurückverwandelt werden müssen.
Im gepackten Format belegen je zwei Dezimalziffern 1 Byte, wobei im niedrigstwertigen Halbbyte des Zahlenfeldes das Vorzeichen verschlüs-

---

[1] Neben der Festpunktarithmetik gibt es außerdem die sogenannte Gleitpunktarithmetik.

selt wird (z. B.: $+80_{(10)} \triangleq 080C_{(16)}$). Im Festpunktformat dagegen werden Zahlen durch ihr binäres Äquivalent dargestellt und normalerweise bei der Verarbeitung in einem der 4 Bytes langen Mehrzweckregister gespeichert. Von den 32 Bits (1 Wort) eines Registers werden 31 Bits zur Darstellung des Zahlenwerts und ein Bit zur Verschlüsselung des Vorzeichens verwendet.

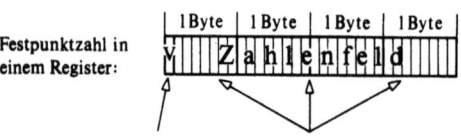

Festpunktzahl in einem Register:

Durch das höchstwertige Bit (2^{31}) wird das Vorzeichen verschlüsselt.

Die restlichen 31 Bits stellen den binären Zahlenwert dar (vgl. hierzu auch Seite A79).

Positive Zahlen werden binär mit einem auf Null gesetzten Vorzeichenbit verschlüsselt.

Beispiel:
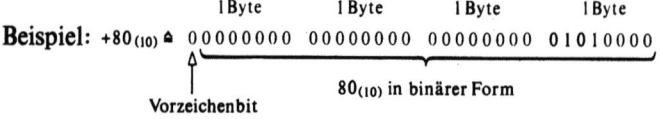

Negative Zahlen werden als Zweierkomplement mit einem auf Eins gesetzten Vorzeichenbit dargestellt[2].

Beispiel:
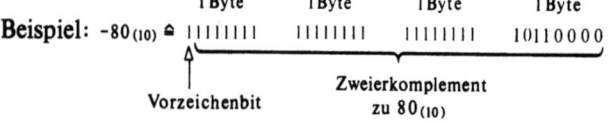

Die beiden Dezimalzahlen $+80$ und -80 lassen sich als Festpunktzahlen in einem Mehrzweckregister sedezimal wie folgt darstellen:
$+80 \rightarrow$ Mehrzweckregister: 00   00   00   50
$-80 \rightarrow$ Mehrzweckregister: FF   FF   FF   B0

---

[2] Um das Zweierkomplement einer Binärzahl zu erhalten, muß der Wert jeder Binärstelle invertiert und zur niedrigstwertigen Stelle eine Eins addiert werden.

1.1. Wie werden entsprechend die Dezimalzahlen + 30 und − 30 im Festpunktformat in einem Register verschlüsselt?

+ 30: ....

− 30: ....

Seite A1

1.2. Die Konvertierungsbefehle CVB und CVD

Nach der Eingabe von dezimalen Zahlenwerten in den Arbeitsspeicher müssen diese für eine binäre Verarbeitung in das Festpunktformat umgewandelt werden.
Die nach den Rechenoperationen erhaltenen Ergebnisse müssen für die Ausgabe jedoch wieder in dezimaler Form vorliegen, so daß wiederum eine (Rück)verwandlung erfolgen muß. Zur Umwandlung (Konvertierung) von

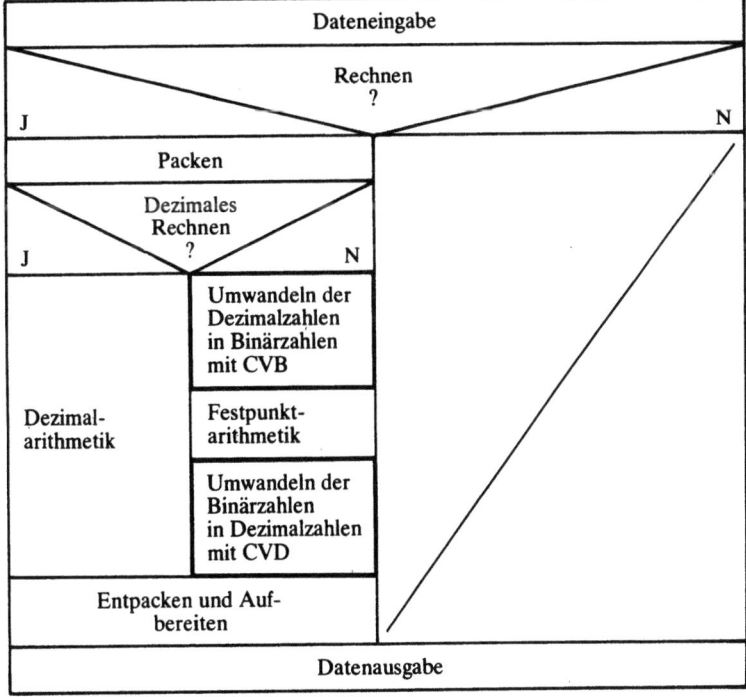

Dezimalzahlen in Binärzahlen und umgekehrt stehen die Befehle »Convert To Binary« (CVB) und »Convert To Decimal« (CVD) zur Verfügung. Das Bild auf Seite 3 zeigt die beiden Alternativen für die Durchführung arithmetischer Programme unter Beachtung der jeweils erforderlichen Bedingungen.

In der Assemblerschreibweise werden bei den genannten Konvertierungsbefehlen im Operandenfeld jeweils die Nummer eines Mehrzweckregisters (0–15)[3] und eine Arbeitsspeicheradresse angegeben.

| CVB | Register, Adresse |
| CVD | Register, Adresse |

Beispiel:

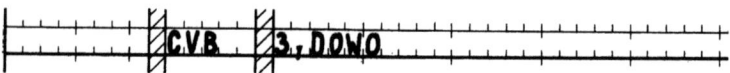

Die im Arbeitsspeicher ab Adresse DOWO befindliche Dezimalzahl wird in eine Festpunktzahl umgewandelt und im Register 3 zur Verfügung gestellt.

Bei beiden Konvertierungsbefehlen muß die umzuwandelnde oder zu erzeugende Dezimalzahl im Arbeitsspeicher 1 Doppelwort belegen[4]. Das Binäräquivalent zur Dezimalzahl steht jeweils in einem 4 Bytes großen Mehrzweckregister. Die beiden folgenden Beispiele verdeutlichen diese Sachverhalte.

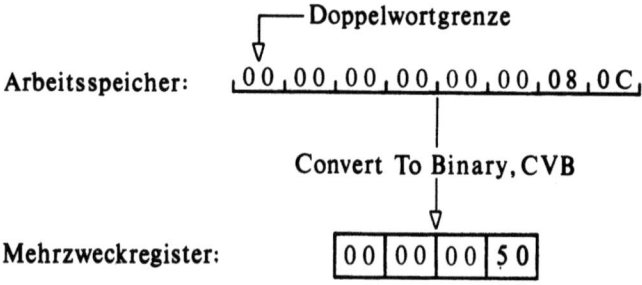

---

[3] Genaue Angaben über evtl. nicht verwendbare (reservierte) Mehrzweckregister sind den Assemblerbeschreibungen der einzelnen DV-Hersteller zu entnehmen.

[4] Ein Doppelwort besteht aus 8 hintereinanderliegenden Bytes, wobei die Anfangsadresse des Feldes durch 8 teilbar sein muß (Doppelwortgrenze).

Mehrzweckregister: FF FF FF B0

Convert To Decimal, CVD

Arbeitsspeicher: 00 00 00 00 00 00 08 0D

Doppelwortgrenze

> 1.2. Wie muß der Befehl formuliert werden, der die Dezimalzahl + 10 aus dem Doppelwort mit der Adresse DEZZAHL in das Festpunktformat umformt und im Register 5 speichert?
>
>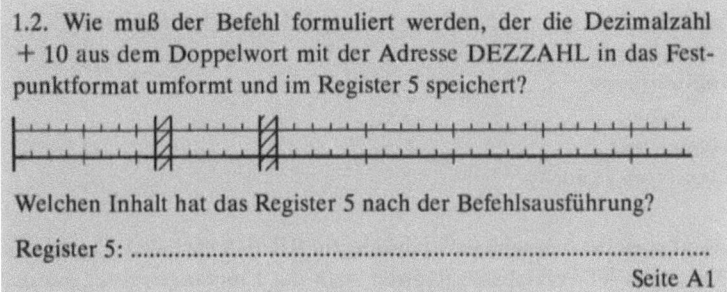
>
> Welchen Inhalt hat das Register 5 nach der Befehlsausführung?
> Register 5: ....
>
> Seite A1

Wenn wir umgekehrt einen Binärwert aus einem Register in das gepackte Datenformat konvertieren wollen, müssen wir zur Speicherung der Dezimalzahl im Arbeitsspeicher entsprechend ein Doppelwort reservieren.

> 1.3 Unter diesem Aspekt ist die Festpunktzahl aus Register 4 in eine Dezimalzahl umzuwandeln und im Bereich DEZZAHL zu speichern (vgl. zur Doppelwortdefinition den Abschnitt 6.3.5, Seite A60).
> Register 4: 00 00 00 2E
>
>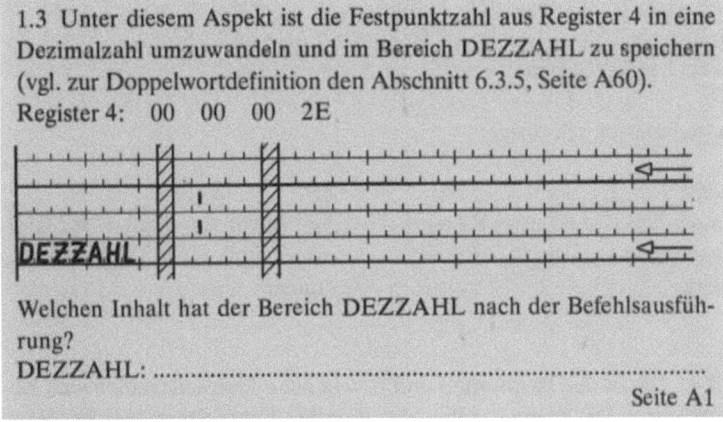
>
> Welchen Inhalt hat der Bereich DEZZAHL nach der Befehlsausführung?
> DEZZAHL: ....
>
> Seite A1

1.3. Registerbefehle im Format RR

Zur Weiterverarbeitung der in Registern stehenden Festpunktzahlen werden zwei Befehlstypen unterschieden: die RR-Befehle und die RX-

Befehle. Bei den RR-Typen, die wir zunächst behandeln (RX-Befehle folgen im Abschnitt 2), handelt es sich um *rein* registerverarbeitende Befehle, d.h. beide Operanden müssen in Registern stehen.

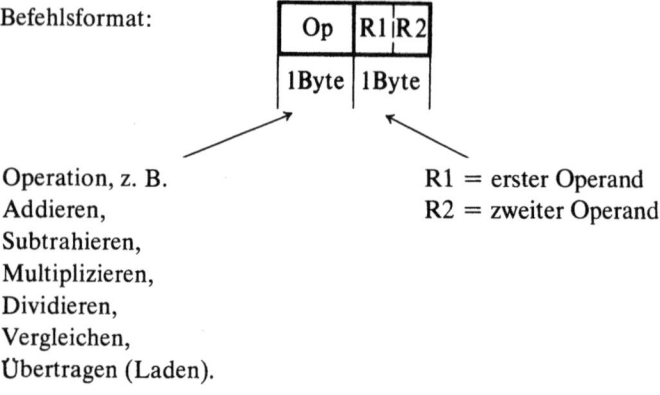

Befehlsformat:

Operation, z. B.
Addieren,
Subtrahieren,
Multiplizieren,
Dividieren,
Vergleichen,
Übertragen (Laden).

R1 = erster Operand
R2 = zweiter Operand

Die allgemeine Assemblerschreibweise für RR-Befehle lautet: Op|R1,R2. Das durch R1 bezeichnete Register stellt das Empfangsregister dar und enthält nach der Befehlsausführung grundsätzlich das Ergebnis[5].

1.3.1. Addition und Subtraktion, AR, SR

Die Grundrechnungsarten Addition und Subtraktion werden durch die Registerbefehle »Add Word Register« (AR) und »Subtract Word Register« (SR) realisiert.

Assemblerschreibweisen:

AR |R1,R2
Der Inhalt von Register R2 wird zum Inhalt von Register R1 addiert.

SR |R1,R2
Der Inhalt von Register R2 wird vom Inhalt des Registers R1 subtrahiert.

1.4. Die in den Registern 3 und 6 stehenden Festpunktzahlen sind zu addieren. Die Summe soll in das Register 3 gespeichert werden. Wie ist dies zu codieren?

---

[5] Die Vorzeichen von Ergebnissen werden wie bei der Dezimalarithmetik algebraisch bestimmt.

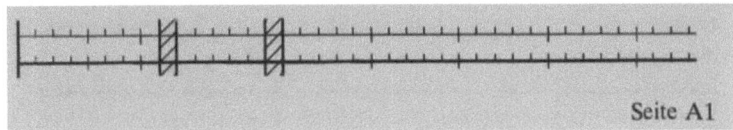

Seite A1

Der Inhalt des Registers mit dem 1. Summanden wird bei der Addition durch das Ergebnis überschrieben, dagegen bleibt der Inhalt des Registers mit dem 2. Summanden unverändert bestehen. Eine Ausnahme bildet lediglich der Fall, daß Empfangs- und Senderegister identisch sind: AR |4,4. Bei dieser Anwendung wird der Inhalt von Register 4 verdoppelt.

1.5. Jetzt soll der Inhalt des Registers 2 vom Inhalt des Registers 5 subtrahiert werden. Anschließend ist Register 2 zu löschen (Inhalt = Null).

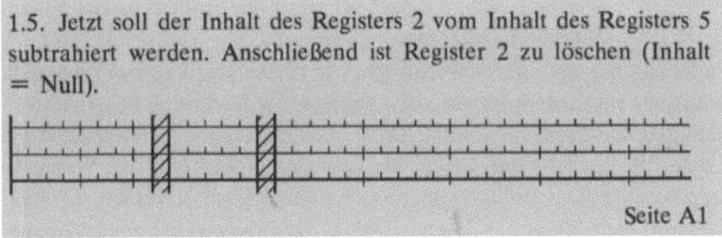

Seite A1

1.3.2. Lade- und Vergleichsbefehl, LR, CR

Um Daten innerhalb des Arbeitsspeichers zu übertragen, verwendet man in der Regel einen MVC-Befehl. Analog dazu kann mit »Load Word Register« (LR) der Inhalt eines Registers in ein anderes übertragen werden. Man spricht dann vom *Laden* eines Registers. In zwei Aufgaben wollen wir diesen Befehl anwenden.

1.6. Wie lautet der Befehl, um den Inhalt von Register 2 nach Register 7 zu laden (vgl. Seite A41)?

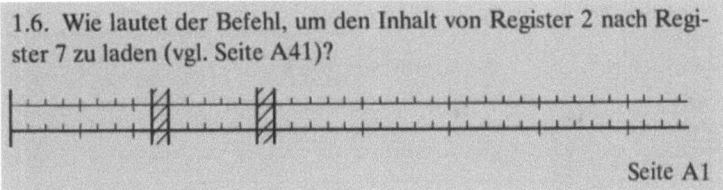

Seite A1

1.7. Die in Register 4 stehende Festpunktzahl a ist durch Addition zu verdreifachen (a + a + a).

Hinweis: Die Zahl a muß vor der Addition in ein Hilfsregister (z. B. 5) geladen werden.

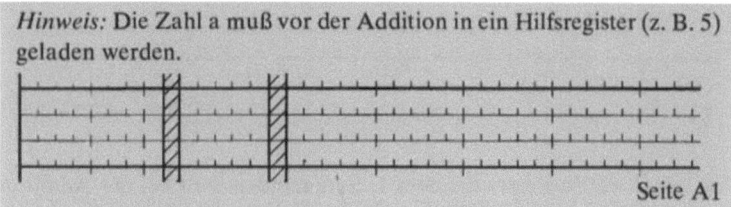

Seite A1

Nach jeder Ausführung eines Additions- oder Subtraktionsbefehls wird die Anzeige wie folgt gesetzt:

Anzeige: 0 Das Ergebnis ist gleich Null.
         1 Das Ergebnis ist kleiner als Null.
         2 Das Ergebnis ist größer als Null.
         3 Überlauf, d. h. Register R1 ist für die Aufnahme der Summe (Differenz) zu klein.

Durch einen nachfolgenden Sprungbefehl (Pseudosprungbefehl) kann die Anzeige dann ausgewertet und in Abhängigkeit davon eine Programmverzweigung durchgeführt werden. Diese Abfrage kann jedoch nur Auskunft geben, ob das Ergebnis gleich, kleiner oder größer Null ist. Wenn das Ergebnis hingegen mit einer *gegebenen Zahl* verglichen werden soll, kann dies mit dem Befehl »Compare Word Register« (CR) vorgenommen werden.

1.8. Folgende Aufgabe ist in diesem Zusammenhang zu codieren (vgl. dazu Seite A39, CR-Befehl).

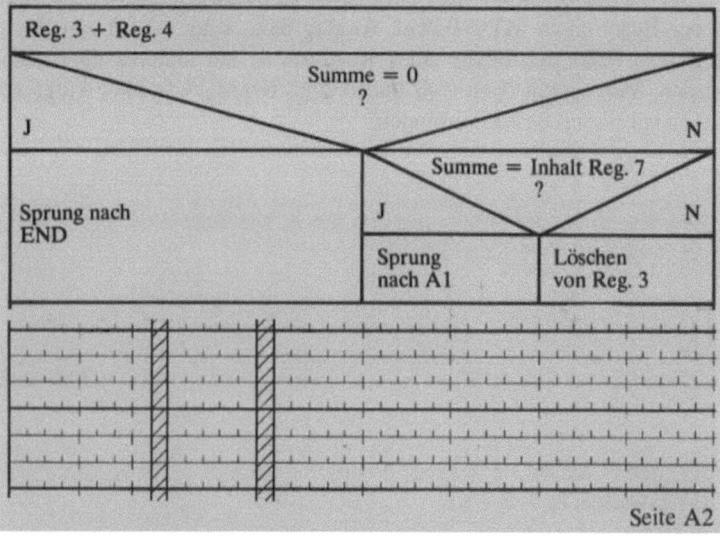

Seite A2

1.3.3. Multiplikation und Division, MR, DR

Bei den Rechenoperationen »Multiplizieren Register« (MR ≙ Multiply Word Register) und »Dividieren Register« (DR ≙ Divide Word Register) müssen sich jeweils die ersten Operanden – im Gegensatz zu AR und SR – in einem *Registerpaar* befinden. Als Operand 1 (R1) wird immer die geradzahlige Registernummer angegeben.

Multiplikation:

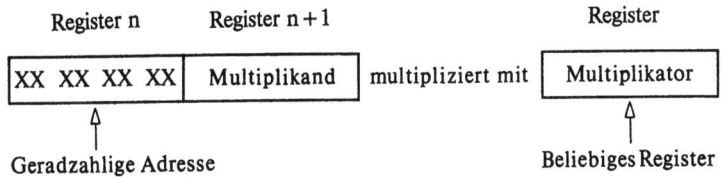

Wie obiges Bild zeigt, ist der Inhalt des 1. Registers beliebig, der Multiplikand darf nur im 2. Register des Registerpaares stehen.
Das Ergebnis, das Produkt also, belegt nach der Ausführung der Multiplikation beide Register des gewählten Registerpaares, wie die folgende Darstellung deutlich macht:

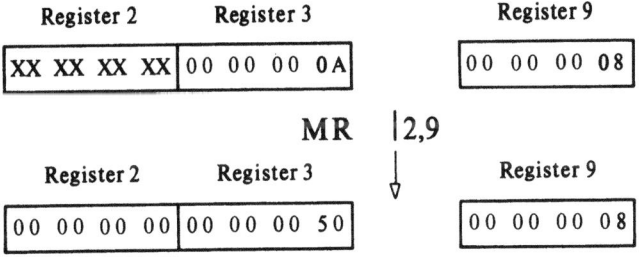

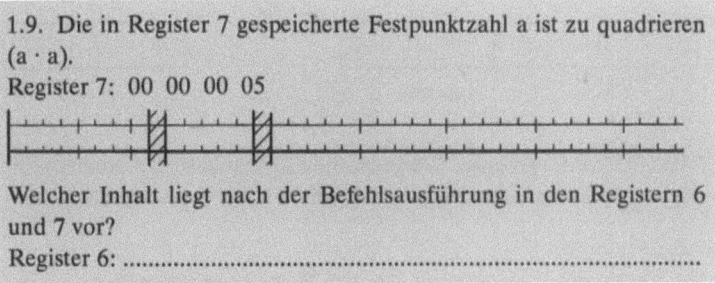

1.9. Die in Register 7 gespeicherte Festpunktzahl a ist zu quadrieren (a · a).
Register 7: 00 00 00 05

Welcher Inhalt liegt nach der Befehlsausführung in den Registern 6 und 7 vor?
Register 6: ....

Register 7: ....
Seite A2

Division: Wenn nun die Inhalte zweier Register dividiert werden sollen, so muß der Dividend ebenfalls in einem Registerpaar mit geradzahliger Nummer vorliegen. Im Gegensatz zum Multiplikand bei der Multiplikation belegt der Dividend jedoch beide Register[6].

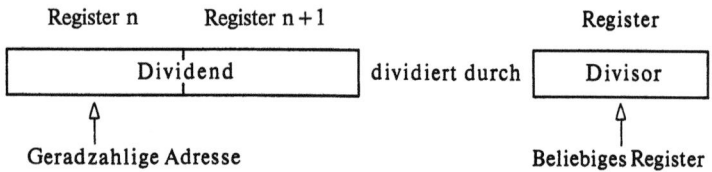

Nach erfolgter Division enthält das *Registerpaar* den Quotienten (ungerades Register) und den verbleibenden Rest (gerades Register).

Das Vorzeichen des Quotienten wird arithmetisch bestimmt; der Rest hat das Vorzeichen des Quotienten. Das folgende Beispiel verdeutlicht diesen Sachverhalt:

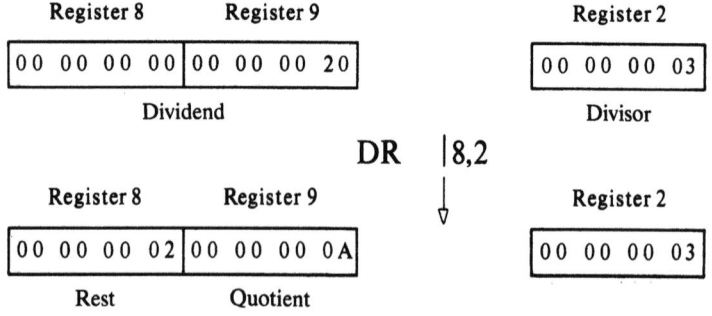

1.10. Die im Registerpaar 4/5 stehende Dualzahl a ist durch den in Register 8 vorliegenden Wert b zu dividieren (a:b). Anschließend soll

---

6 Bit 2^{63} stellt das Vorzeichen dar, die Bits 2^{62} bis 2^0 das Zahlenfeld.

das Ergebnis (nur der Quotient) in das gepackte Datenformat umgewandelt werden und ab Adresse FELD in den Arbeitsspeicher übertragen werden.

1.4. Arithmetikprogramm – Codierung

Nachfolgendes Programmbeispiel soll noch einmal die Verfahrenstechnik bei der Anwendung von Registerbefehlen verdeutlichen und die gezeigten Befehle in ihrer praktischen Handhabung darlegen.

Aufgabe: Zur Lösung eines Problems müssen Daten nach folgendem Ausdruck berechnet werden: $x = (a + b - c) \cdot a$. Die Eingabe der *ganzen* Zahlenwerte a, b, c erfolge über eine Plattendatei mit RDATA. Die Plattendatei ist unter dem Namen EINDAT katalogisiert.

Aufbau der Eingabesätze:

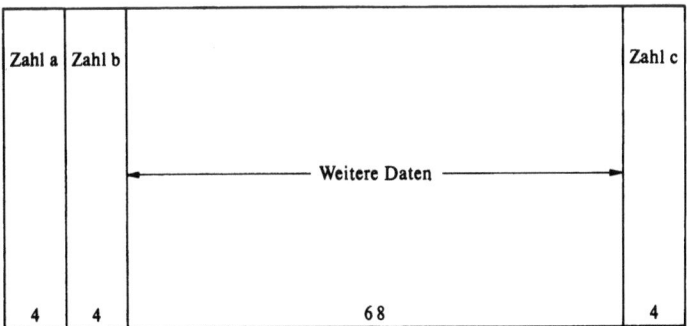

Jedes Zahlenfeld ist also vier Spalten groß. Die Zahlenwerte sind jeweils mit führenden Nullen abgelocht. Die Ausgabe der Ergebnisse soll über den

Schnelldrucker mit WRLST erfolgen, wobei ebenfalls führende Nullen vorliegen können. Falls das gefundene Ergebnis x gleich Null ist, soll der Text »X = Null« ausgedruckt werden. Die Zuweisung der Plattendatei EINDAT zur log. Systemdatei wird vorausgesetzt.

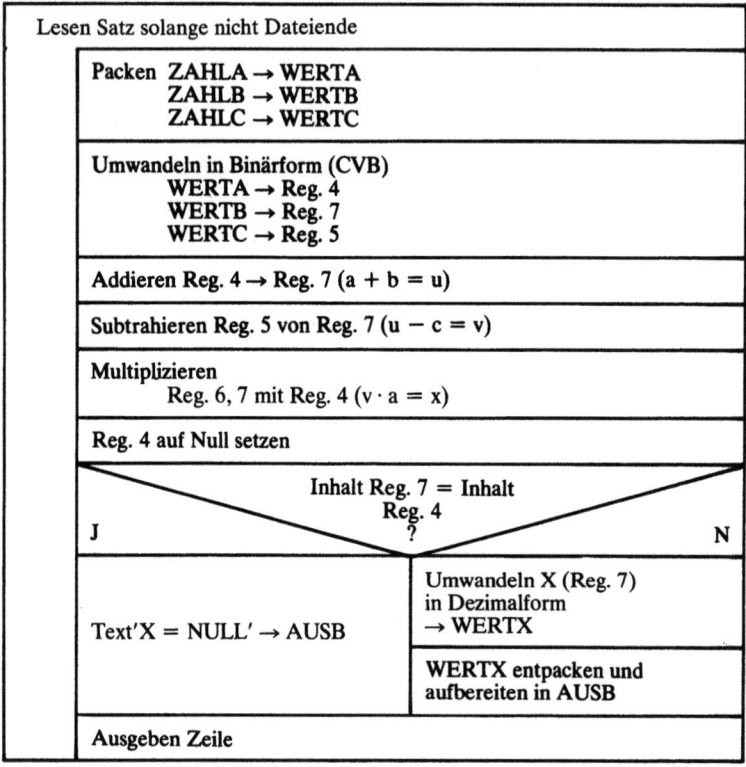

Dateiende bei RDATA und Fehlerausgang bei WRLST sind nur in den Makros zu codieren. Die Routinen selbst sind zu vernachlässigen.

Das Druckersteuerbyte ist mit dem Inhalt X'41', Vorschub um 1 Zeile vor dem Drucken, zu definieren.

1.11.

```
LES       ROATA




















              ·
              ·
              ·
EINSATZ   DS    0CL8.4
SLF       DS    CL2
          DS    CL2
EINB      DS    0CL8.0
ZAHLA     DS    CL4
ZAHLB     DS    CL4
          DS    CL6.8
ZAHLC     DS    CL4
WERTA     DS    0
WERTB     DS    0
WERTC     DS    0
WERTX     DC    Y(DRUCKEND-DRUCK)
          DS    CL2
STB       DC    X'4.1'
AUSB      DC    CL15' '
DRUCKEND  EQU   *
KON       DC    CL15'X = NULL     '
```

Da die Eingangswerte a, b, c jeweils nur höchstens 4stellig vorliegen können, ergibt sich als Ergebnis x eine maximal 9stellige Zahl, die binär in *einem* Register untergebracht werden kann.   Seite A3

An dem Beispiel des folgenden Eingabesatzes seien noch einmal der Weg der Daten und die rechnerinterne Darstellung der Zahlenwerte aufgezeigt.

0100	0050				
1–4	5–8	9	–	76	77–80

RDATA	EINSATZ,ENDE	EINB:	F0 F1 F0 F0 F0 F0 F5 F0 40 ...
			F0 F1 F3 F0
PACK	WERTA,ZAHLA	WERTA:	00 00 00 00 00 00 10 0F
PACK	WERTB,ZAHLB	WERTB:	00 00 00 00 00 00 05 0F
PACK	WERTC,ZAHLC	WERTC:	00 00 00 00 00 00 13 0F
CVB	4,WERTA	Reg. 4:	00 00 00 64
CVB	7,WERTB	Reg. 7:	00 00 00 32
CVB	5,WERTC	Reg. 5:	00 00 00 82
AR	7,4	Reg. 7:	00 00 00 96
SR	7,5	Reg. 7:	00 00 00 14
MR	6,4	Reg. 6:	00 00 00 00 Reg. 7: 00 00 07 D0
SR	4,4	Reg. 4:	00 00 00 00
CR	7,4		
BE	TEXT	Anzeige0?	
CVD	7,WERTX	WERTX:	00 00 00 00 00 02 00 0C
UNPK	AUSB,WERTX	AUSB:	F0 F0 F0 F0 F0 F0 F0 F0 F0
			F0 F0 F2 F0 F0 C0
MVZ	AUSB+14(1),AUSB	AUSB:	F0 F0 F0 F0 F0 F0 F0 F0 F0
			F0 F0 F2 F0 F0 F0
WRLST	DRUCK,FEHL	Schnelldrucker: 000000000002000	

2. Festpunktarithmetik mit RX-Befehlen

2.1. Der Befehlstyp RX und Indizierung

Ein Großteil der Festpunktbefehle gehört dem Befehlstyp RX an.

Befehlsformat: | Op | R1 | X2 | B2 | D2 |

Das durch R1 angegebene Register enthält den 1. Operanden. Der 2. Operand befindet sich im Arbeitsspeicher an der durch X2/B2/D2 angegebenen Adresse. Das Steuerwerk der Zentraleinheit bildet aus den Angaben im Maschinenbefehl die Speicheradresse durch Addition der im Mehrzweckregister (Basisadreßregister) B2 stehenden Basisadresse und der im Befehl angegebenen Distanzadresse D2 *sowie der im Mehrzweckregister (Indexregister) X2 enthaltenen Adresse:*

   Inhalt von Basisadreßregister B2
+ Inhalt von Indexregister X2
+ Distanzadresse D2
_____
= Speicheradresse

Wenn in einem Assemblerprogramm ein Indexregister verwendet wird, so darf es – im Gegensatz zum Basisadreßregister – *nicht* durch die Assembleranweisung USING zugewiesen werden. *Der Übersetzer* bildet die Distanzadresse in einem Maschinenbefehl des RX-Formats nämlich ohne Berücksichtigung des durch X2 bestimmten Registers.
Der Inhalt eines Indexregisters kann während eines Programmlaufes gesetzt, erhöht oder vermindert werden, wodurch sich der Wert der Speicheradresse ebenfalls ändert. Man spricht dann von einer *indizierten Adresse*.
Die Möglichkeit, Adressen zu indizieren, wird dazu verwendet, hintereinanderliegende Operanden im Arbeitsspeicher (Tabellen) mit ein und derselben Programmschleife zu verarbeiten.

Beispiel:
Adresse TAB

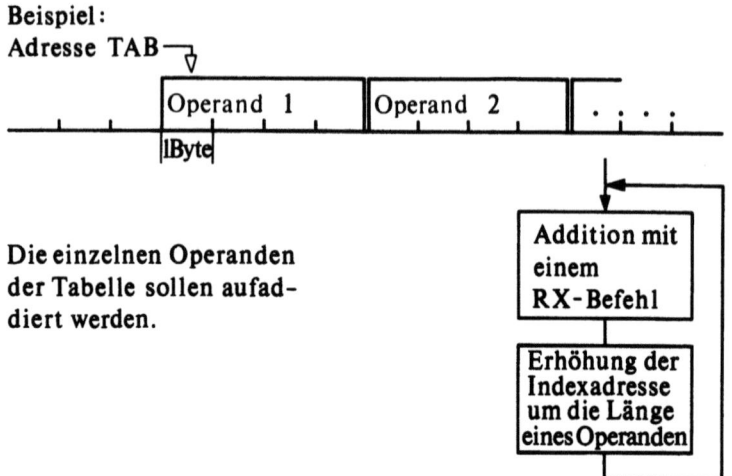

Die einzelnen Operanden der Tabelle sollen aufaddiert werden.

Die jeweilige Adresse ergibt sich aus der Summe von B2, X2 und D2. In dem vorstehenden Beispiel liegt nach jedem Schleifendurchlauf ein jeweils um 4 erhöhter Wert der Adresse vor, da der Inhalt des Indexregisters jedesmal um die Länge eines zu verarbeitenden Operanden erhöht wird, während die Basis- und Distanzadressen fest bestehen bleiben.

Um aus einer derartigen Programmschleife wieder herauszukommen, muß lediglich noch auf Tabellenende oder auf die entsprechende (gewünschte) Anzahl von Durchläufen abgefragt werden.

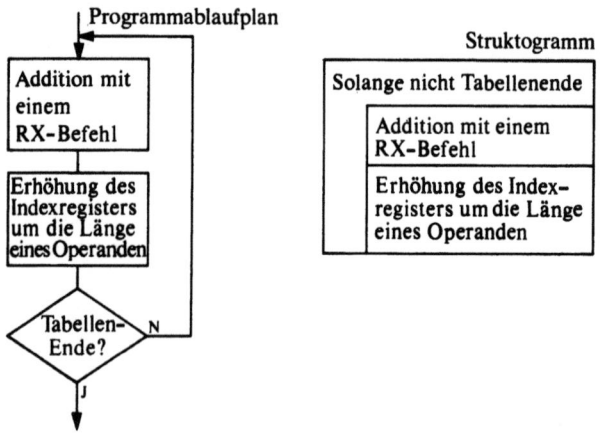

Nachfolgend werden wir die Festpunktbefehle im RX-Format zuerst allgemein erläutern und anschließend auf die Besonderheiten der Indexadressierung eingehen.

2.2. Wort-, Halbwortbefehle und Konstanten

Die bereits behandelten RR-Operationen Addition (AR), Subtraktion (SR), usw. können auch mit Festpunktbefehlen des RX-Formats durchgeführt werden. Der 2. Operand ist bei diesem Befehlstyp immer eine Festpunktzahl (Wort- oder Halbwort) im *Arbeitsspeicher,* wie folgendes Bild veranschaulichen soll.

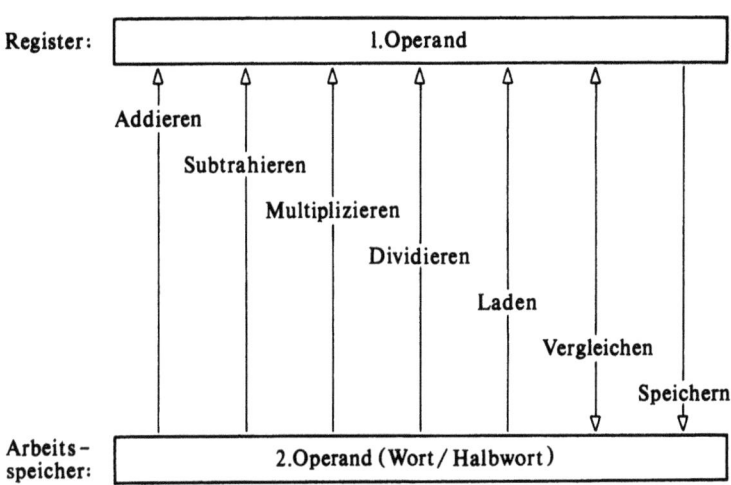

Um nun beispielsweise einen Operanden im Arbeitsspeicher durch einen Ladebefehl im RX-Format in ein Register zu laden, müssen wir diesen Operanden zuvor als Festpunktzahl (Wort- oder Halbwort) definieren.

2.2.1. Konstantendefinition von Festpunktzahlen, DC (H,F)

In Abschnitt 1 wurde die Möglichkeit gezeigt, mit RR-Befehlen Binärzahlen in Registern zu verarbeiten. Bei Festpunktbefehlen des RX-Formats befindet sich nur der eine Operand in einem Mehrzweckregister, der andere aber im Arbeitsspeicher; dieser Speicheroperand kann z. B. mit einer DC-Instruktion erzeugt werden. Da sowohl Wort- wie Halbwortoperanden[7] zu verarbeiten sind, müssen also auch Wort- und Halbwortoperanden definiert werden können. Die hierfür verwendeten Konstantentypen F und H bestimmen die Länge der jeweiligen Festpunktzahl.

---

7 Ein Wort (Halbwort) belegt im Arbeitsspeicher vier (zwei) hintereinanderliegende Bytes; die Anfangsadresse muß durch 4 (2) teilbar sein.

DC |F 'Zahlenwert'   DC |H 'Zahlenwert'
Die Festpunktzahl soll im Arbeits-   Die Festpunktzahl soll im Arbeitsspeicher *ein Wort* belegen.   speicher *ein Halbwort* belegen.

Der Zahlenwert in Hochkommata wird als Dezimalzahl, mit oder ohne
Vorzeichen angegeben; die dabei erforderliche Umwandlung in die Binärform wird vom Übersetzer vorgenommen (vgl. hierzu auch Seite A79).

Beispiele:
DC |H '10'   ⟶ 00 0A
DC |H '+5'   ⟶ 00 05
DC |H '−5'   ⟶ FF FB
DC |F '10'   ⟶ 00 00 00 0A
DC |F '+5'   ⟶ 00 00 00 05
DC |F '−5'   ⟶ FF FF FF FB

2.1. Die dezimalen Zahlen + 1 und − 1 sind jeweils in einem Halbwort und in einem Wort binär zu definieren. Dabei sollen die erzeugten Werte angegeben werden.

Seite A2

2.2.2. Die Befehle A, AH und S, SH

Die Funktionsweisen der Additionsbefehle A (Add Word) und AH
(Add Halfword) seien an folgendem Beispiel erläutert:

Register 4: 00 00 00 0A
Register 5: 00 00 00 03

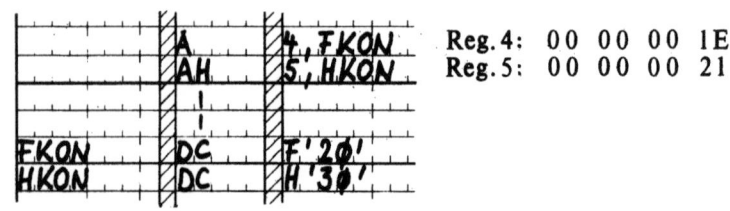

Reg. 4: 00 00 00 1E
Reg. 5: 00 00 00 21

Ein durch Festpunktbefehle zu verarbeitendes Halbwort wird bei der Befehlsausführung vom Steuerwerk der Zentraleinheit auf die Länge eines Wortes erweitert, indem die 16 höherwertigen Bitstellen mit dem Vorzeichen des Halbwortes aufgefüllt werden.

2.2. Von der in Register 3 befindlichen Festpunktzahl 100 sind die beiden Zahlen 80 und 5 zu subtrahieren. Der jeweilige Registerinhalt ist anzugeben (vgl. die Befehle S und SH auf Seite A34).

```
         | SR    | 3,3              Register 3
         | A     | 3,K100           00 00 00 00
       ⇒ |       |                  00 00 00 64
       ⇒ |       |                  . . . . . . . .
         |       |                  . . . . . . . .
         |       |
K100     | DC    | F'100'
K80      | DC    | H'80'
K5       | DC    | F'5'
```

Seite A6

2.2.3. Die Befehle C, CH und L, LH

In der vorstehenden Aufgabe wurde der Zahlenwert $100_{(10)}$ auf folgende Art in das Register 3 gebracht:

SR | 3,3   Löschen des Registers 3
A | 3,K100   Addieren des Wertes $100_{(10)}$

Es handelt sich hierbei um das *Laden* eines Registers. Dies kann auch durch zwei eigens dafür zur Verfügung stehenden Befehle realisiert werden: »Load Word« (L) und »Load Halfword« (LH).

Beispiele:

```
         | L     | 3,K100              | LH    | 3,K100
         |       |                     |       |
         |       |                     |       |
K100     | DC    | F'100'      K100    | DC    | H'100'
```

Auch beim LH-Befehl wird der 2. Operand (Halbwort) auf Wortlänge erweitert, indem die 16 höherwertigen Bitstellen mit dem Vorzeichen des Halbworts aufgefüllt werden.

2.3. Die im Arbeitsspeicher befindlichen Zahlen Z1 und Z2 sind mit Festpunktbefehlen zu addieren. Das Register 5 sei Ergebnisregister für das Gesamtergebnis.

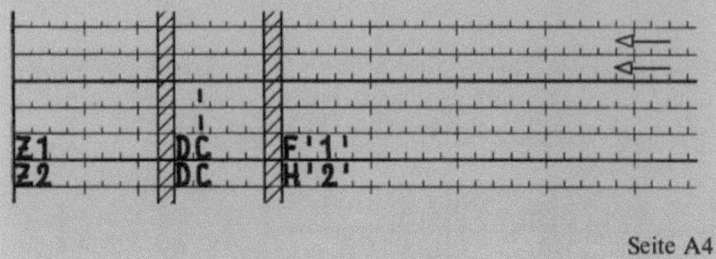

Seite A4

2.4. Das in Aufgabe 2.3 gefundene Ergebnis soll jetzt mit der unter VERGL definierten Zahl verglichen werden. Bei Ungleichheit ist das Programm bei A1 fortzusetzen (vgl. auch Seite A39).

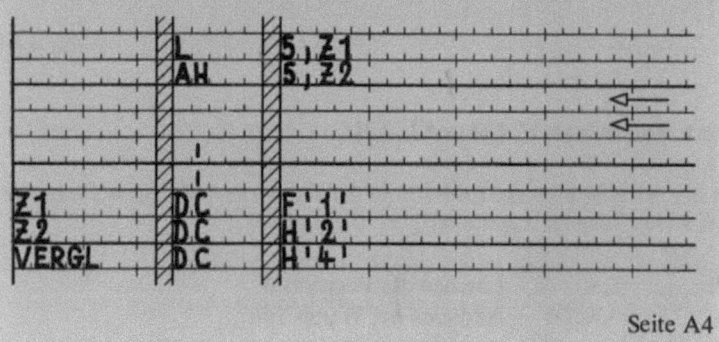

Seite A4

2.2.4. Die Befehle M, MH und D

Für die Operation Multiplizieren stehen neben MR die Befehle »Multiply Word« (M) und »Multiply Halfword« (MH) zur Verfügung. Die Division kann nur mit Wortoperanden, nicht mit Halbwortoperanden durchgeführt werden. Der zugehörige Befehl im RX-Format lautet »Divide Word« (D).

Der 1. Operand steht bei den Befehlen M und D wie bei den zugehörigen RR-Befehlen *in einem Registerpaar* (die erste Registernummer muß geradzahlig sein); für MH hingegen wird für den 1. Operanden und damit auch für das Ergebnisfeld *nur ein Register* benötigt.

Beispiel: Von der im Register 7 gespeicherten Zahl sollen 3/4 ihres Wertes berechnet werden.

Register 6: xx xx xx xx ←——— Beliebiger Inhalt
Register 7: 00 00 00 50

			Register 6	Register 7
	M	6,K3	00 00 00 00	00 00 00 F0
	D	6,K4	00 00 00 00	00 00 00 3C
	|			
	|		Rest: 0	Quotient: $60_{(10)}$
	|			
K3	DC	F'3'		
K4	DC	F'4'		

Falls in obigem Beispiel Multiplikations- und Divisionsbefehl vertauscht werden, ist zu beachten, daß bei einer Division der 1. Operand (Dividend) beide Register des Registerpaares belegen muß (vgl. Abschnitt 1.3.3, Seite 10). Man erreicht dies am einfachsten durch eine Multiplikation des im ungeradzahligen Register stehenden Wertes mit Eins, wie das nachfolgende Beispiel zeigt.

Register 6: xx xx xx xx
Register 7: 00 00 00 50

			Register 6	Register 7
	M	6,K1	00 00 00 00	00 00 00 50
	D	6,K4	00 00 00 00	00 00 00 14
	M	6,K3	00 00 00 00	00 00 00 3C
	|			
	|			
K1	DC	F'1'		
K3	DC	F'3'		
K4	DC	F'4'		

Anstelle des ersten M-Befehls könnte nur dann ein SR-Befehl verwendet werden, wenn der Dividend positiv wäre, nicht jedoch bei einem negativen. Es wird prinzipiell von der oben skizzierten Methode Gebrauch gemacht, um sicherzustellen, daß bei einem positiven Dividenden das geradzahlige vom Dividenden zu belegende Register Nullen, bei einem negativen Dividenden Einsen enthält. Zwei weitere Anwendungsbeispiele seien gegeben:

2.5. Das Register 5 enthalte den Zahlenwert $-33_{(10)}$. Diese Zahl ist durch den Wert $+7_{(10)}$ zu dividieren, der im Arbeitsspeicher unter KON7 gespeichert sei. Anschließend soll der Quotient in das gepackte Datenformat umgewandelt werden und ab Adresse ERGEB im Arbeitsspeicher gespeichert werden. Die nach den Befehlsausführungen in den Registern 4 und 5 vorliegenden Werte sind zu bestimmen.

Welcher sedezimale Inhalt ist von Adresse ERGEB an zu erwarten?

ERGEB: ....

Seite A4

2.6. Die unter KONA, KONB und KONC gespeicherten Festpunktzahlen a, b, c sind nach der Formel $\dfrac{a \cdot b}{c}$ zu verarbeiten. Die Register 4 und 5 sind als Arbeitsregister zu verwenden.

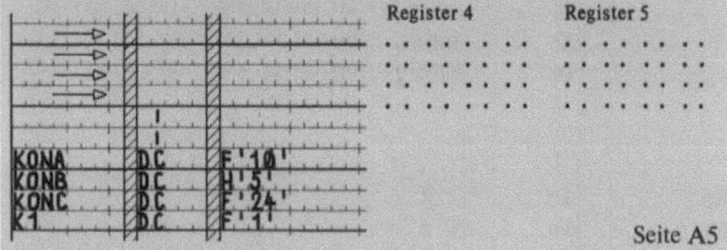

Seite A5

2.2.5. Store-Befehle, ST, STH

Die Ergebnisse von festpunktarithmetischen Rechenoperationen stehen in Mehrzweckregistern und können beispielsweise zum Ausdrucken durch einen CVD-Befehl in dezimaler Form in den Arbeitsspeicher gebracht werden. Falls ein Ergebnis jedoch für eine spätere Weiterverarbeitung, also im Festpunktformat, sichergestellt werden soll, muß es mit einem Store-Befehl in den Arbeitsspeicher zurückgespeichert werden.

Beispiel: Store Word   *Beispiel:* Store Halfword

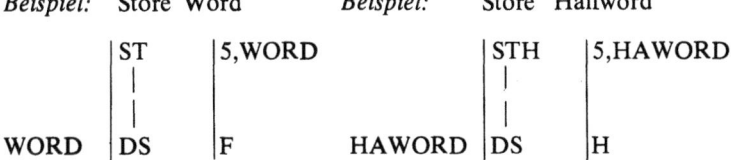

Mit einem ST-Befehl wird der gesamte Registerinhalt (1 Wort), mit einem STH-Befehl werden nur die niederwertigen 2 Bytes (1 Halbwort) in den Arbeitsspeicher übertragen. Die folgende Aufgabe zeigt eine Anwendung.

2.7. Die Festpunktzahl in Register 7 ist zu dem in Register 2 befindlichen Wert zu addieren. Das Ergebnis soll dann im Festpunktformat ab Adresse SUMME sichergestellt werden.

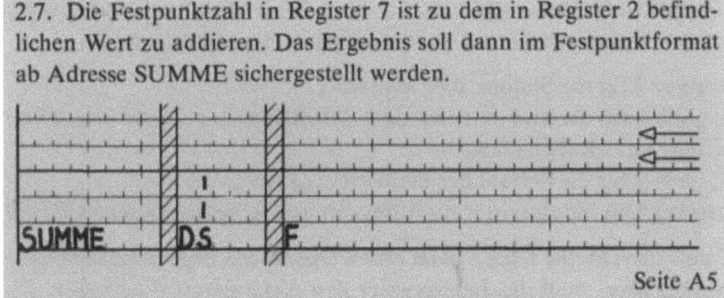

Seite A5

2.3. Tabellenverarbeitung als Anwendung der Indexadressierung

Die einleitend skizzierte Möglichkeit der Indizierung von Speicheradressen wird im folgenden am Beispiel einer Tabellenverarbeitung angewendet. Bei der Darstellung der Festpunktbefehle des Typs RX ist gezeigt worden, daß jede symbolische Adresse implizit ein Basisadreßregister und eine Distanzadresse enthält. Als Indexregister verwendet der Assembler bei der Übersetzung, soweit keine spezielle Angabe getroffen wurde, stets das Mehrzweckregister 0, das vom Steuerwerk bekanntlich nicht zur Adressenbildung herangezogen wird. Wenn daher eine Adressenindizierung mittels eines RX-Befehls durchgeführt werden soll, muß das hierfür erforderliche Indexregister *explizit* im 2. Operanden angegeben werden.

Beispiel: Die im Arbeitsspeicher an der durch Register 3 indizierten Adresse FKON stehende Festpunktzahl (Wort) soll zum Inhalt von Register 6 addiert werden.

```
                    A    |6, FKON (3)
Maschinenbefehl:        | 5A | 6 | 3 | 7 | 050 |
```

Basisadreßregister 7 und Distanzadresse 050 sind frei gewählt.

Das Basisadreßregister 7 muß durch USING zugewiesen und mit der Basisadresse geladen werden (BALR); die Distanzadresse wird vom Assembler errechnet. Beim Ablauf des Additionsbefehls bestimmt sich die Speicheradresse aus der Addition der Basisadresse aus Register 7, der Indexadresse aus Register 3 und der Distanzadresse 050. Hierbei sind Basis- und Distanzadresse festgelegt, dagegen kann der Inhalt des Indexregisters variiert werden.

Aufgabe: In einem Speicherbereich WERT, der 100 Wortoperanden umfasse, sei eine variable Anzahl positiver Meßwerte (jedoch mindestens ein Wert) in binärer Form gespeichert. Als Endekennzeichung gelte in einem Wort der Wert − 1 (FF FF FF $FF_{(16)}$). Es soll nun der durchschnittliche Meßwert ermittelt und über den Schnelldrucker ausgegeben werden. Für die Codierung werden folgende Register verwendet:

Register 3 für die Summe aller Meßwerte,
Register 6 für die Meßwerte aus dem Arbeitsspeicher zur weiteren Verarbeitung mit RR-Befehlen,
Register 7 für die Anzahl der Meßwerte (Zähler),
Register 8 als Indexregister zur Adressierung des Speicherbereichs WERT.

Damit die Tabelle WERT beim ersten Operanden beginnend verarbeitet werden kann, muß das Indexregister den Anfangswert 0 enthalten. Das Struktogramm und die Codierung sind im folgenden ersichtlich.

Löschen Reg. 3, 7, 8
Laden 1. Wert indiziert nach Reg. 6
Solange nicht letzter Wert
Wert auf Gesamtsumme aufaddieren
Zähler um 1 erhöhen
Indexregister 8 um 4 erhöhen
Laden nächsten Wert indiziert nach Reg. 6
Registerpaar 2,3 multiplizieren mit 1
Summe dividiert durch Anzahl Werte
Quotient umwandeln in eine Dezimalzahl → DOWO
Entpacken und Aufbereiten
Drucken Zeile
Programmende

In dieser Aufgabe wird zum Teil mit *Literalen* gearbeitet, wie beispielsweise bei dem Befehl AH. Mit diesen können Daten, z. B. Festpunktzahlen, definiert und in Assemblerbefehlen direkt als 2. Operand (statt einer symbolischen Adresse) angegeben werden[8].

```
MITTEL      START
              .
              .
              .
ANF         BALR    9,0
            USING   *,9
*
            SR      3,3
            SR      7,7
            SR      8,8
            L       6,WERT(8)
A1          CH      6,=H'-1'
            BE      END
            AR      3,6
            AH      7,=H'1'
            AH      8,=H'4'
            L       6,WERT(8)
            B       A1
*
END         M       2,=F'1'
            DR      2,7
            CVD     3,DOWO
            UNPK    MWERT,DOWO
            MVZ     MWERT+14(1),MWERT
            WRLST   DRUCK,FEHL
FEHL        TERM
* SPEICHERBEREICH VON 100 WORTEN
WERT        DS      100F
* DOPPELWORT
DOWO        DS      D
* DRUCKBEREICH
DRUCK       DC      Y(DRUCKEND-DRUCK)
            DS      CL2
STB         DC      X'C1'    SEITENVORSCHUB
AUSB        DC      0CL28
TEXT        DC      CL13'MITTELWERT = '
MWERT       DS      CL15
DRUCKEND    EQU     *
            END     ANF
```

---

8 Vgl. hierzu auch Seite A66.

Die nachfolgende Aufgabe ist ähnlich der soeben behandelten und gibt noch einmal die Möglichkeit, die Indexadressierung zu üben; dabei können ebenfalls Literale verwendet werden. Es sind nur die Befehle zu codieren. Die Definitionen werden als gegeben angenommen.

2.8. Ein Speicherbereich WERT enthalte eine variable Anzahl von Meßwerten in binärer Wortform. Endekennzeichnung sei der im letzten Wort gespeicherte Wert Null. Der zahlenmäßig höchste Meßwert ist zu ermitteln und im Register 2 sicherzustellen.

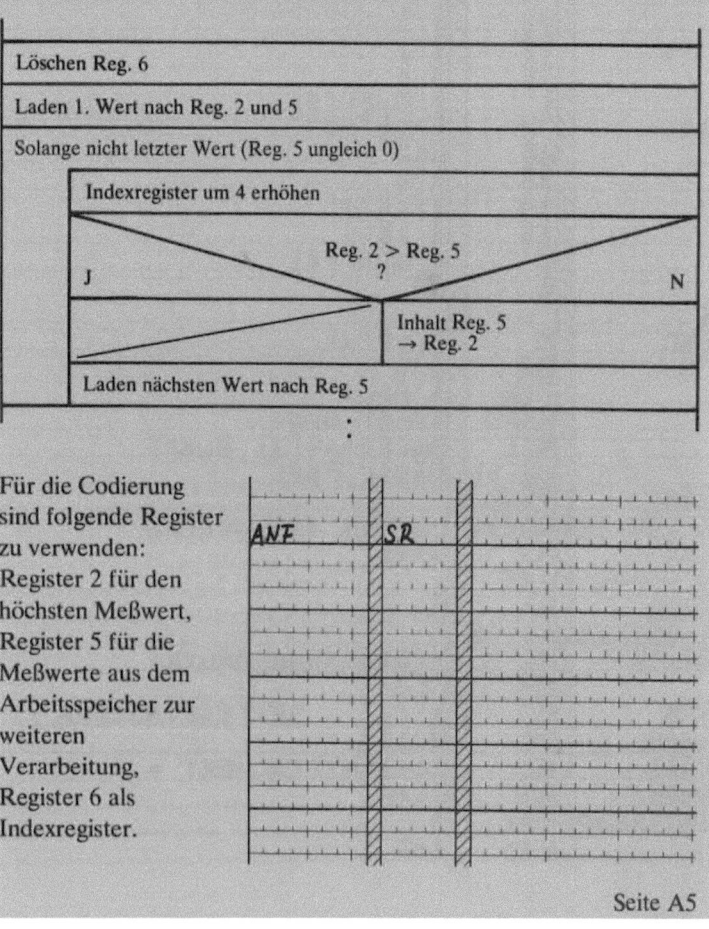

Seite A5

26

3. Adressenrechnung

3.1. Aufgabenstellung

Innerhalb eines Scheck-Verarbeitungsprogramms sollen die jeweiligen Prüfziffern, mit denen jede Kontonummer versehen ist, in einem Unterprogramm überprüft werden. Die Kontonummern sind mit der Prüfziffer 9 Ziffern lang und stehen nach dem EBCDI-Code verschlüsselt – also entpackt – ab Adresse FELD im Arbeitsspeicher, z. B.:

FELD: $\underbrace{F1\ F2\ F3\ F4\ F5\ F6\ F7\ F8}_{\text{8stellige Kontonummer}}\ F2\ \leftarrow$ Prüfziffer

Die Prüfung auf Richtigkeit erfolge so, daß die Prüfziffer nach einem bestimmten Berechnungsmodus neu gebildet und danach mit der bereits vorhandenen Ziffer verglichen werde. Ein Berechnungsschema zur Bildung der Prüfziffern laute wie folgt: Die Ziffern einer Kontonummer sind nacheinander mit zwei zu multiplizieren und die erhaltenen Produkte zu einer Gesamtsumme zu addieren. *Die letzte Ziffer* dieser Summe stellt dann die Prüfziffer dar.

Berechnungsmodus:

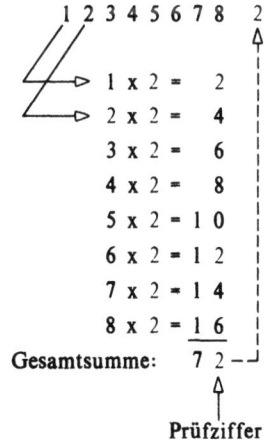

Wie erwähnt werden die beiden Prüfziffern lediglich noch auf Gleichheit untersucht. Der Programmausschnitt hierfür könnte dann folgendermaßen aussehen:

SCHECK	START	
	TITLE	'SCHECK-VERARBEITUNG'
BEG	BALR	2,0
	USING	*,2
LES	RDATA	EINB,ENDE
UPR	**PACK**	REFE,FELD(1) 1. ZIFFER PACKEN
	BAL	4,BEMOD SPRUNG BEMOD
	PACK	REFE,FELD+1(1) 2. ZIFFER PACKEN
	BAL	4,BEMOD
	PACK	REFE,FELD+2(1) 3. ZIFFER PACKEN
	BAL	4,BEMOD
	PACK	REFE,FELD+3(1) 4. ZIFFER PACKEN
	BAL	
	PACK	
BEMOD	AP	REFE,REFE WERT VERDOPPELN
	AP	SUMME,REFE WERT AUF SUMMENFELD
	BR	4 RÜCKSPRUNG
EINB	DS	0CL84 EINGABEBEREICH
SLF	DS	CL4 SATZLAENGENFELD
FELD	DS	CL9 KONTO-NR
REST	DS	CL71 REST VON EINB
REFE	DS	C2 RECHENFELD
SUMME	DC	PL2'0' SUMMENFELD
	END	BEG

Zur vollständigen Ermittlung der Prüfziffer müßte der PACK-Befehl also insgesamt achtmal codiert werden, da die Ziffern entpackt in FELD vorliegen. Dieses sich wiederholende Verfahren ist zwar richtig, aber sehr aufwendig.

Die PACK-Befehle in dem vorstehenden Programmausschnitt unterscheiden sich immer in den Sendeadressen, dagegen bleiben die Empfangsadressen stets gleich.

```
PACK     REFE,FELD(1)
PACK     REFE,FELD+1(1)
PACK     REFE,FELD+2(1)
PACK     REFE,FELD+3(1)
PACK     REFE,FELD+4(1)
PACK     REFE,FELD+5(1)
PACK     REFE,FELD+6(1)
PACK     REFE,FELD+7(1)
```

Die Adresse des Sendefeldes erhöht sich bei jedem Befehl *konstant* um 1 Byte. Aufgabenstellungen dieser Art, die in allen möglichen Variationen auftreten, können durch *Programmschleifen* gelöst werden. In dem gewählten Fall würde dies ein achtmaliges Durchlaufen einer solchen Schleife bedeuten. Derartige Schleifenbildungen sind jedoch nur dann möglich, wenn die Operandenadressen modifizierbar sind. In Abschnitt 2 wurde gezeigt, wie dies mit Hilfe eines Indexregisters erreicht werden kann. Indexregister liegen aber nur beim Befehlstyp RX vor, der in dem obigen Beispiel benötigte PACK-Befehl gehört indes dem Befehlstyp SS an.

Befehlsformat
des PACK-Befehls: | Op | L1 | L2 | B1 | D1 | B2 | D2 |

Wie lassen sich also Operandenadressen auch ohne die Möglichkeit eines Indexregisters verändern?

Zu dem Befehl PACK |REFE,FELD kann folgendes festgestellt werden: Die symbolischen Adressen REFE und FELD enthalten jeweils eine Distanzadresse (D1 oder D2), ein Basisadreßregister (B1 oder B2) und eine Längenangabe (L1 oder L2). Statt dieser *impliziten Adressen* REFE und FELD können die Angaben L1, L2, B1, B2, D1 und D2 in der

Assemblercodierung des PACK-Befehls auch direkt angegeben werden, wie das folgende Beispiel zeigt:

$$\text{PACK} \quad |\underbrace{D1(L1,B1)}_{\text{1. Operandenadresse}},\underbrace{D2(L2,B2)}_{\text{2. Operandenadresse}}$$

Diese Art, alle möglichen Angaben einer Operandenadresse *direkt* zu bestimmen, wird *explizite Adressierung* genannt.

Beispiel:

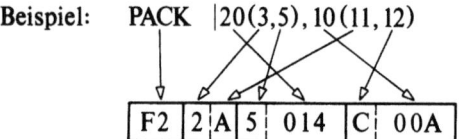

Durch die Anwendung der expliziten Adressierung ist nun, wie wir gleich sehen werden, die Adressenmodifizierung möglich.
Zur jeweiligen Erhöhung der Sendefeldadresse um den konstanten Wert 1, die ja zur Schleifenbildung in der »Prüfziffern-Aufgabe« erforderlich ist, wird die Adresse FELD in das Register B2 geladen und durch einen Additionsbefehl vor jeder Befehlsausführung um 1 erhöht. Die Distanz D2 ist dann Null[9]. Der PACK-Befehl könnte also folgendermaßen formuliert werden:

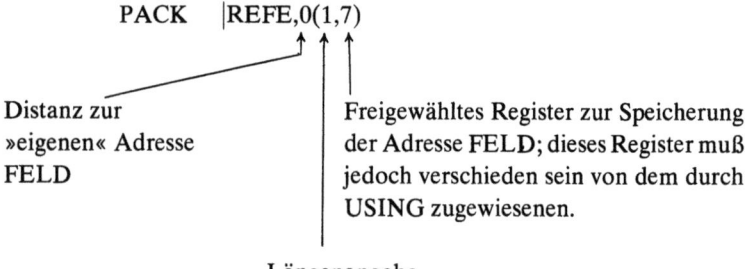

---

[9] In diesem Zusammenhang wäre auch die Erhöhung der Distanzadresse zur Schleifenbildung denkbar. Dies ist jedoch praktisch nicht möglich, da wir hierfür keinen geeigneten Additionsbefehl zur Verfügung haben.

Prinzipiell kann man die Programmschleife dann wie folgt dem ursprünglichen Programm gegenüberstellen:

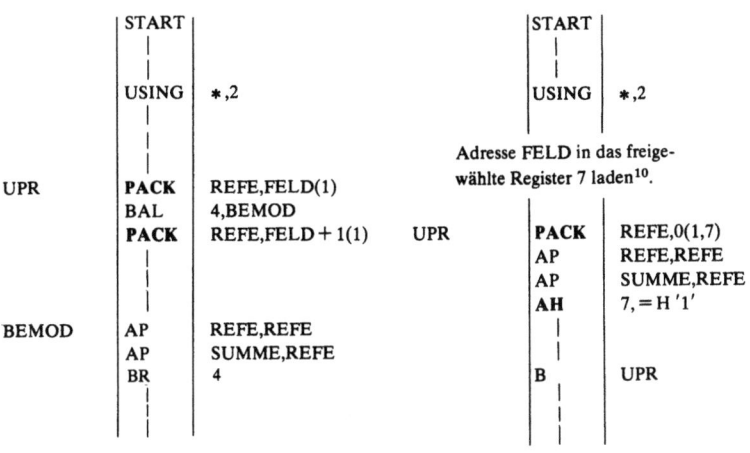

> 3.1. Welche Register werden in obigem PACK-Befehl (rechtes Bild) in den Operandenadressen als Basisadreßregister verwendet?
>
> Antwort: ....
>
> Seite A5

Die skizzierte Programmschleife in dem rechten Bild muß natürlich noch durch einen Zähler gesteuert werden, da sie ja genau achtmal durchlaufen werden soll. Zur vollständigen Codierung sind nunmehr die Anwendungsregeln der expliziten Adressierung erforderlich, außerdem müssen die Möglichkeiten, Adressen in ein Register zu laden, noch behandelt werden.

---

10 Ein hierfür geeigneter Befehl wird in Abschnitt 3.4 behandelt.

3.2. Anwendungsregeln der expliziten Adressierung

Symbolische Adressen stehen in der Assemblersprache für die Maschinenangaben Basisadreßregister, Distanzadresse und eventuell Längenangabe (und bei RX-Befehlen dem Indexregister 0). Grundsätzlich wird man zur Vereinfachung und Anschaulichkeit symbolisch, d. h. implizit adressieren und nur in Fällen von Adressenmodifizierung von der expliziten Adressierung Gebrauch machen.
Das folgende Beispiel zeigt die beiden Möglichkeiten der Adressierung:

MVC   EMPF,SEND   Symbolische (implizite) Adressierung

MVC   D1(L,B1),D2(B2)   Explizite Adressierung

Die explizite Adressierung ist auf alle Befehle anwendbar, mit der Einschränkung, daß Bildung und Schreibweise vom Befehlstyp abhängig sind. Im Anhang S. A76 ist eine Befehlstabelle dargestellt, aus der die Zuordnung von Befehl, Befehlstyp und expliziter Schreibweise zu ersehen ist[11].

Beispiele für explizite Adressierung und deren Schreibweise:

SS-Befehlstyp (2 Längen):   Op   D1(L1,B1),D2(L2,B2)

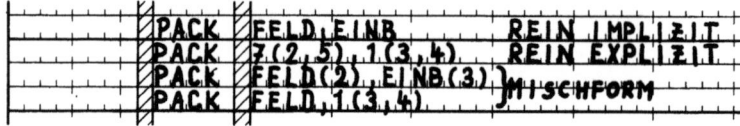

SS-Befehlstyp (1 Länge):   Op   D1(L,B1),D2(B2)

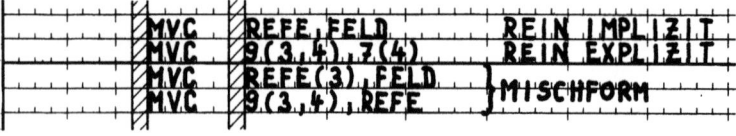

---

[11] Es empfiehlt sich, ständig mit dieser Tabelle zu arbeiten, da die verschiedenen expliziten Schreibweisen erst nach einiger Übung präsent werden.

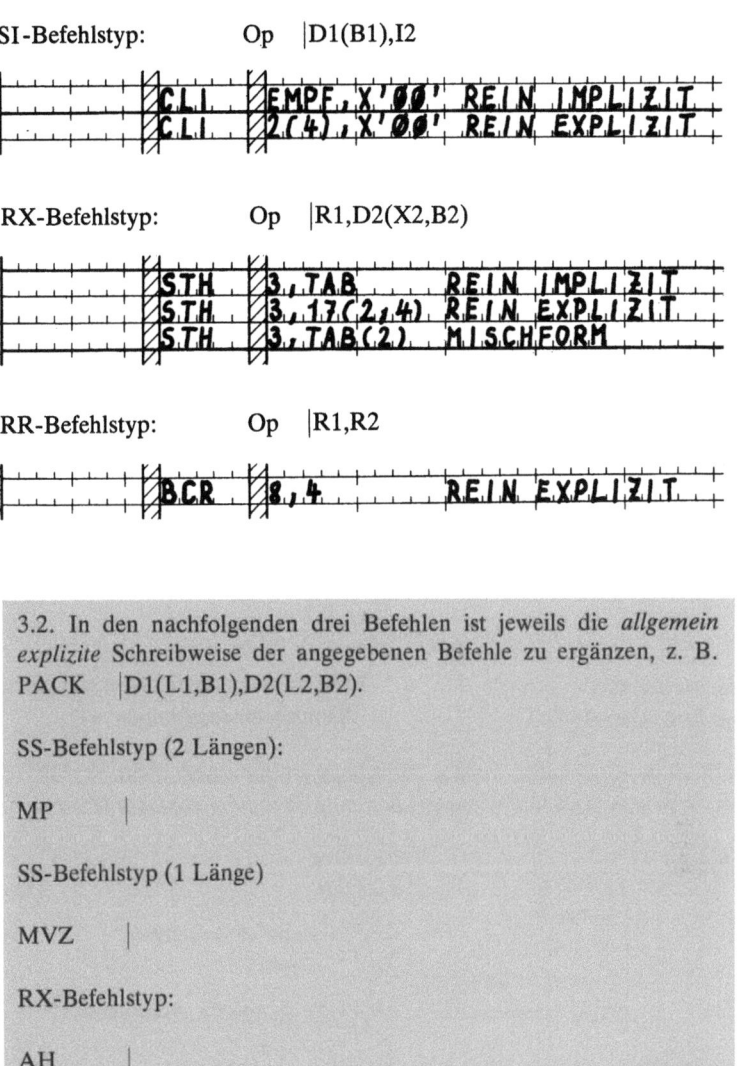

Die Anwendungen der expliziten Adressierung sind im wesentlichen Adressenrechnungen. Welche Form oder Schreibweise zu wählen ist, hängt von der vorhandenen Aufgabe ab. Die häufigst verwandte Form ist die Mischung von symbolischer und expliziter Adresse, wie sie auch in der anfangs erläuterten Aufgabenstellung angewendet wurde.

3.3. Adressenkonstanten

Bislang wurde mit den Konstantentypen C, B, X, P, H und F gearbeitet. Darüber hinaus wurde die Y-Konstante als Festpunktkonstante für das Satzlängenfeld im WRLST verwendet. Um aber beispielsweise mittels der expliziten Adressierung eine Schleife zu bilden, ist es erforderlich, zuvor *eine Adresse* (als Konstante) in ein bestimmtes Register zu laden. Als Ladebefehl könnte dafür der L-Befehl verwendet werden: *Die zu ladende Adresse muß jedoch als Konstante ausgewiesen sein.*

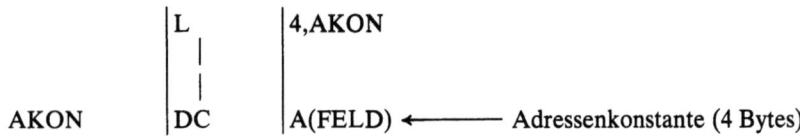

Zur Bildung einer Adressenkonstanten (A-Konstante) wird die Kennzeichnung A verwendet.

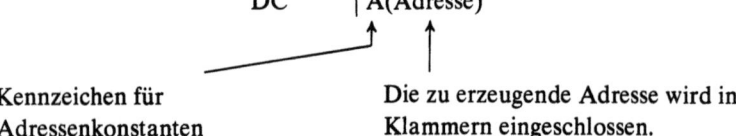

Kennzeichen für Adressenkonstanten

Die zu erzeugende Adresse wird in Klammern eingeschlossen.

Durch A-Konstanten werden Arbeitsspeicheradressen definiert. Die in Klammern stehenden Adressen können *relative oder absolute Werte* sein.

Beispiele:

DC	A(BEG)	
DC	A(ANF + 10)	Relative Adressenwerte
DC	A(TAB + 2 * 4096)	
DC	A(216)	Absoluter Adressenwert

Die in Klammern stehenden Angaben sind entweder *Elementarausdrücke* (symbolische Adressen, Sternadressen, selbstdefinierende Werte wie 216) *oder zusammengesetzte Ausdrücke* wie (ANF + 10) oder TAB + 2*4096). In Abschnitt 6.3.7, Seite A65, ist eine zusammenfassende Darstellung von Elementarausdrücken und zusammengesetzten Ausdrücken gegeben.

> 3.3. Welche der dargestellten A-Konstanten sind relative und welche absolute Adressenwerte?

a) DC	A(A + 3*4096)
b) DC	A(4096)
c) DC	A(ANF + 1000)
d) DC	A(256 − 100)
e) DC	A(4096 + 2)
f) DC	A(* + 8096)
g) DC	A(ANF + 2*4096)
h) DC	A(TAB)
i) DC	A(* + TAB)

Relative Adressenwerte: ....

Absolute Adressenwerte: ....

Seite A6

Zu bemerken ist noch, daß A-Konstanten auf Wortadresse ausgerichtet werden. *Ihre implizite Länge beträgt 4 Bytes.* Eine Längenangabe ist zwar zugelassen, sie bewirkt jedoch, daß der Adreßpegel für die Konstante dann nicht mehr auf Wortadresse ausgerichtet wird.

3.4. Mit Hilfe des Ladebefehls L soll das Register 6 mit dem absoluten Adressenwert $4096_{(10)}$ geladen werden. Wie müßte man dies codieren?

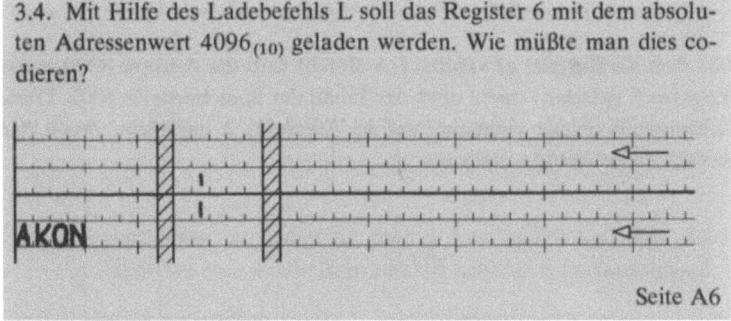

Seite A6

3.4. Der Befehl »Laden Adresse«, LA

Die doch recht umständliche Prozedur, mit dem L-Befehl eine Adresse zu laden, kann durch den Befehl »Load Address« (LA) vereinfacht werden. LA lädt die im Befehl angegebene Adresse *direkt* in ein Register, im Gegensatz zum L-Befehl, der einen Operanden aus dem Arbeitsspeicher in ein Register lädt.

Befehlsformat:

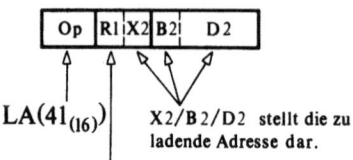

Register, in das die aus X2/B2/D2 gebildete Adresse geladen werden soll.

Die einfachste Anwendung des LA-Befehls in der Assemblerschreibweise lautet z. B. wie folgt:

LA |5,TAB

wobei *die Adresse* TAB *selbst* in das Register 5 geladen wird. Eine Skizze soll das verdeutlichen:

Adresse (Sedez.)	8000	8001	8002	8003	8004	8005	8006
Inhalt	C1	F3	9C	00	00	02	

TAB → 8000

Mit dem als Beispiel gewählten LA-Befehl wird die Adresse 8000 in das Register 5 geladen – nicht etwa der Inhalt der Speicherstelle 8000. Diese Anwendung würde vielmehr, wie in Abschnitt 2 dargelegt, durch den Befehl »Load Word« realisiert.

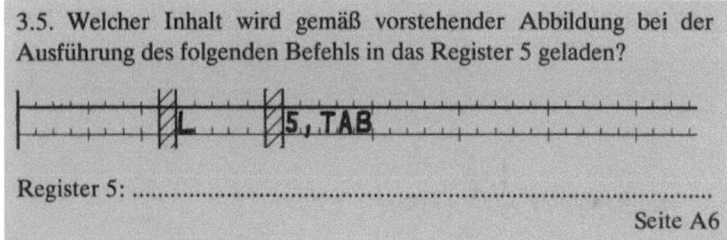

3.5. Welcher Inhalt wird gemäß vorstehender Abbildung bei der Ausführung des folgenden Befehls in das Register 5 geladen?

L 5,TAB

Register 5: ....

Seite A6

Zur Unterscheidung: Bei L wird stets ein Wort in das als 1. Operand angegebene Register geladen. Das zu ladende Wort befindet sich ab der Adresse, die als 2. Operand angegeben wird.

36

Bei LA wird stets die Adresse des 2. Operanden in das als 1. Operand angegebene Register geladen. Allgemein können wir feststellen, daß bei Ausführung des Befehls LA das Register R1 (die niederwertigen 3 Bytes) mit der Adresse X2/B2/D2 geladen wird, wobei stets maschinenintern die Inhalte der durch X2 und B2 angegebenen Register zu der Distanzadresse D2 addiert werden, um die zu ladende Adresse zu erhalten (vgl. hierzu auch die Erklärung auf Seite A43).

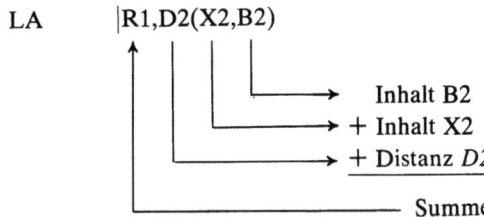

Beispiele:

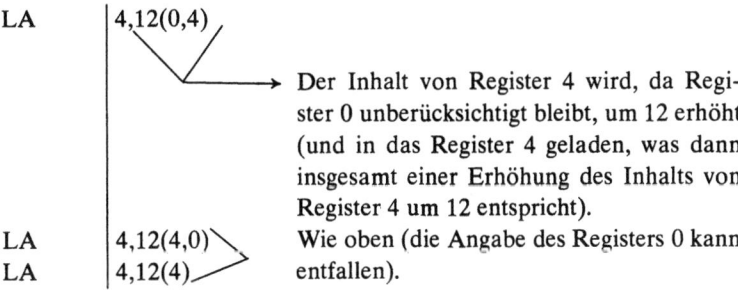

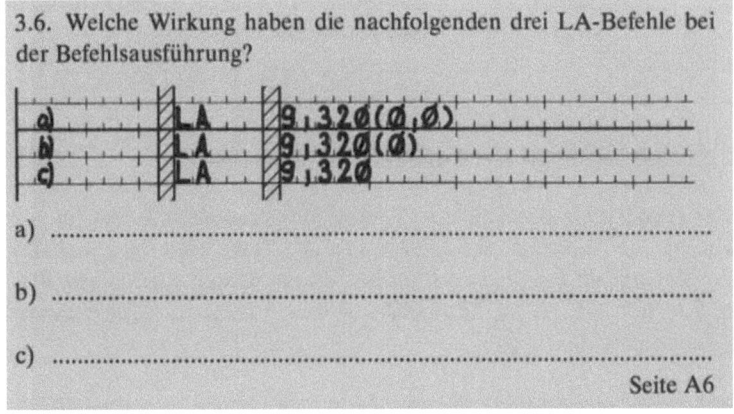

Mit dem Befehl »Laden Adresse« sind noch weitere Anwendungsmöglichkeiten gegeben. So kann z. B. der Inhalt eines Registers verdoppelt werden.

3.7. Wie müßte ein LA-Befehl zur Verdoppelung des Inhalts von Register 4 explizit formuliert werden?

Antwort: ....

Seite A7

In der folgenden Tabelle sind die verschiedenen Anwendungsmöglichkeiten des LA-Befehls zusammengestellt.

LA	5,WERTE	Die Adresse von WERTE wird in das Register 5 geladen.
LA	5,WERTE(4)	Die Adresse von WERTE und der Inhalt von Indexregister 4 werden addiert und in das Register 5 geladen.
LA LA LA	4,10(0,4) 4,10(4,0) 4,10(4)	Der Inhalt von Register 4 wird um $10_{(10)}$ erhöht.
LA LA LA	9,120(0,0) 9,120(0) 9,120	In das Register 9 wird der Wert $120_{(10)}$ geladen.
LA	6,0(6,6)	Der Inhalt des Registers 6 wird verdoppelt.
LA	6,10(6,6)	Der Inhalt von Register 6 wird verdoppelt und zudem um $10_{(10)}$ erhöht.

3.5. Anwendungen der expliziten Adressierung

Zur Anwendung der expliziten Adressierung und des LA-Befehls wollen wir die Aufgabe »Prüfziffern-Prüfung« aufgreifen und codieren. Ausgangspunkt der Überlegung waren die entpackten achtstelligen Kontonummern, die mit den Prüfziffern jeweils 9 Bytes im Arbeitsspeicher (Adresse FELD) belegen.

FELD: z1 z2 z3 z4 z5 z6 z7 z8 zP   (z = Zone, P = Prüfziffer)

Zur Überprüfung der Kontonummern wird nach einem bestimmten Berechnungsmodus eine Prüfziffer neu gebildet und mit der bereits vorhandenen verglichen. Die Art der Berechnung besteht darin, jede einzelne Ziffer der Kontonummer mit zwei zu multiplizieren und die einzelnen Ergebnisse dann aufzusummieren. Die letzte Stelle der Gesamtsumme stellt die Prüfziffer dar. Diese wird mit der bereits vorhandenen verglichen. Das Struktogramm hat demnach folgendes Aussehen:

Struktogramm

Lesen Satz solange nicht Dateiende
(UPR)
Hauptprogramm – – (nur angedeutet)

UPR

Unterprogramm Prüfzifferntest

Der wesentliche Teil dieses Anwendungsbeispiels für unsere Zwecke – das Unterprogramm Prüfzifferntest – ist nachfolgend dargestellt.

UPR

Summenfeld löschen
8 → Zähler (Reg. 5)
Adr.FELD → Reg. 7
Solange Zähler (Reg. 5) ≠ 0

	Ziffer packen → REFE
	Inhalt von REFE verdoppeln
	Inhalt von REFE zur SUMME addieren
	Inhalt v. Reg. 7 um 1 erhöhen
	Inhalt des Zählers (Reg. 5) um 1 vermindern

Errechnete Prüfziffer entpacken → VERG
Zonenteil von X'F0' → VERG

J	vorhandene Prüfz. = errechnete Prüfz. ?	N
		Fehlerbehandlung

Da diese Programmaufgabe unter dem Gesichtspunkt der expliziten Adressierung durchgeführt werden soll, sei das Hauptprogramm und die Fehlerbehandlung in der folgenden Codierung nur angedeutet.

```
SCHECK      START
            TITLE   'SCHECK-VERARBEITUNG'
              .
              .
              .
BEG         BALR    2,0
            USING   *,2
LES         RDATA   EINB,ENDE
            BAL     4,UPR
*
* HAUPTPROGRAMM UND DATEIENDEROUTINE
*
            TERM
*
```

```
| UPR      .                              |
|          .                              |
|          .                      Unter-  |
|                                 programm|
|          BR     4                       |
```

```
EINB        DS      0CL84           EINGABEBEREICH
SLF         DS      CL4              SATZLAENGENFELD
FELD        DS      CL9              KONTONR. + PRUEFZ.
REST        DS      CL71             REST VON EINB
REFE        DS      CL2              RECHENFELD
SUMME       DS      CL2              SUMMENFELD
              .
            END     BEG
```

Vor der vollständigen Codierung des Unterprogramms wollen wir zunächst den notwendigen expliziten PACK-Befehl formulieren.

3.8. Wie müßte der in der Schleife erforderliche PACK-Befehl in der expliziten Schreibweise lauten, um die einzelnen Ziffern der von Adresse FELD an gespeicherten Kontonummer nach REFE zu packen

(Annahme, daß die Adresse FELD zuvor in das Register 7 geladen worden ist)?

PACK | Seite A7

Neben dem Laden der Adresse FELD muß der achtmalige Schleifendurchlauf – wegen den achtstelligen Kontonummern – durch einen Zähler gesteuert werden. Zu diesem Zweck laden wir die Zahl 8 in ein Register und vermindern das Register dann nach jeder erfolgten Pack-Operation.

3.9. Der dargestellte Teil des Unterprogramms ist nun zu codieren. Dabei sind für weitere Konstantendefinitionen Literale zu verwenden.

UPR

| Summenfeld löschen |
| 8 → Zähler (Reg. 5) |
| Adr. FELD → Reg. 7 |
| Solange Zähler (Reg. 5) ≠ 0 |

	Ziffer packen → REFE
	Inhalt von REFE verdoppeln
	Inhalt von REFE zur SUMME aufaddieren
	Inhalt von Reg. 7 um 1 erhöhen
	Inhalt des Zählers (Reg. 5) um 1 vermindern

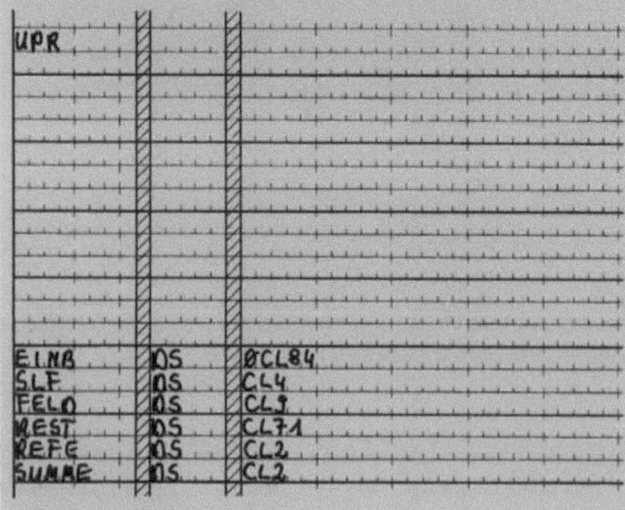

```
UPR

EINB     DS     ØCL84
SLF      DS     CL4
FELD     DS     CL8
REST     DS     CL71
REFE     DS     CL2
SUMME    DS     CL2
```

Seite A7

Letztlich fehlt noch der Vergleich der neugebildeten Prüfziffer mit der eingelesenen, die an der Stelle FELD + 8 gespeichert ist. Da die im Bereich FELD befindliche Prüfziffer entpackt vorliegt, muß die *errechnete Ziffer* zunächst entpackt und mit dem Zonenteil F versehen werden. Dieser ist notwendig, weil die im Bereich SUMME vorliegende Prüfziffer das Vorzeichen C führt[12]. Zum Entpacken definieren wir einen Bereich VERG, so daß wie folgt codiert werden kann:

```
              BAL    4,UPR
              .
              .
UPR           MVC    SUMME,=PL2'0'
              LA     5,8
              LA     7,FELD
PCK           C      5,=F'0'
              BE     A1
              PACK   REFE,0(1,7)
              AP     REFE,REFE
              AP     SUMME,REFE
              AH     7,=H'1'
              SH     5,=H'1'
              B      PCK
A1            UNPK   VERG,SUMME+1(1)
              MVZ    VERG,=X'F0'
              CLC    VERG,FELD+8
              BE     4
* FEHLERBEHANDLUNG
              BR     4
EINB          DS     0CL84
SLF           DS     CL4
FELD          DS     CL9
REST          DS     CL71
REFE          DS     CL2
SUMME         DS     CL2
VERG          DS     CL1
```

---

12 Die Korrektur des Zonenteils nach dem Entpacken könnte bei Verwendung eines arithmetischen Vergleichsbefehl des Typs SS entfallen. Da ein solcher Befehl noch nicht behandelt wurde, muß in diesem Fall »logisch« verglichen werden.

3.6. Erweiterung der Adressierung in einem Programm

In allen bisherigen Erörterungen wurde davon ausgegangen, daß der größtmögliche Programmraum 4096 Bytes umfasse. Anschaulich wird dies durch die verfügbaren 2 Byte großen Adressen der Maschinensprache. Jede Adresse in einem Befehl besteht bekanntlich aus den beiden Komponenten Basisadreßregister und Distanzadresse.

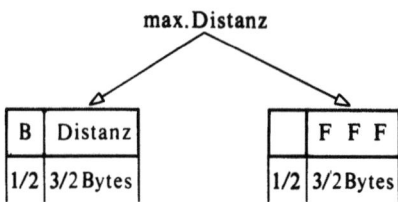

Da der adressierbare Programmraum durch die $1^1/_2$ Byte große Distanzadresse auf 4096 ($FFF_{(16)} + 1$, die Adresse 0 muß mitgezählt werden) begrenzt ist, muß es anderweitig eine Möglichkeit geben, für große Programme Programmräume über 4096 Bytes hinaus zu realisieren.

3.6.1. Zuweisung mehrerer Basisadreßregister

Die erweiterte Adressierung wird durch Verwendung mehrerer Basisadreßregister ermöglicht. An folgendem Beispiel sei dies verdeutlicht:

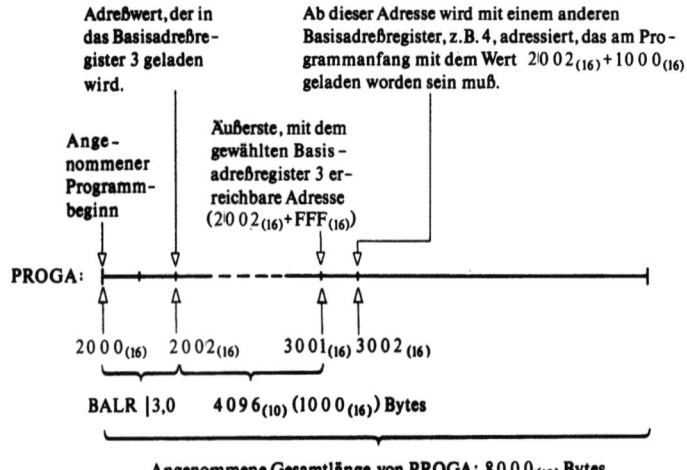

Wenn also von vornherein eine Programmlänge von mehr als $4096_{(10)}$ Bytes zu erwarten ist, muß nach dem Laden des ersten Basisadreßregister ein weiteres mit dem um $4096_{(10)}$ Bytes erhöhten Adreßwert geladen werden. Zunächst wollen wir nun klären, wie mehrere Basisadreßregister zugewiesen werden.

3.10. Welche Instruktion ist hierfür erforderlich?

Antwort: ....

Seite A7

Vor der Codierung müssen die Größenordnung des Programms abgeschätzt und – davon abhängig – eines oder mehrere Basisadreßregister durch USING zugewiesen werden.

Beispiel:

START	
⋮	
BALR	3,0
USING	*,3,4

Die USING-Anweisung hat in der allgemeinen Form folgendes Format (vgl. hierzu auch Abschnitt 6.3.4, Seite A59):

Name	Operation	Operanden
Nicht benutzt	USING	v,r1,r2,r3,...

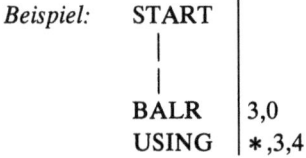

Basisadreßwert

Die Werte, die in den Basisadreßregistern r1, r2, r3 ... stehen sollen, sind v, v+4096, v+8192, v+12288, usw.

3.11. Wie müßte man eine USING-Anweisung schreiben, wenn die Register 3 bis 7 als Basisadreßregister zugewiesen werden sollen (ANF sei Basisadreßwert für Register 3)?

	BALR	3,0
	USING	
ANF	MVC	

Seite A7

3.6.2. Laden mehrerer Register, LM

Bei den Betrachtungen der Befehle L, LH und LR war jedesmal *ein* Register mit einem Operanden zu laden. Um in entsprechenden Anwendungsfällen *mehrere aufeinanderfolgende* Register zu laden, kann der Befehl »Load Multiple« mit dem mnemotechnischen Operationscode LM verwendet werden.

Befehlsformat des LM-Befehls:

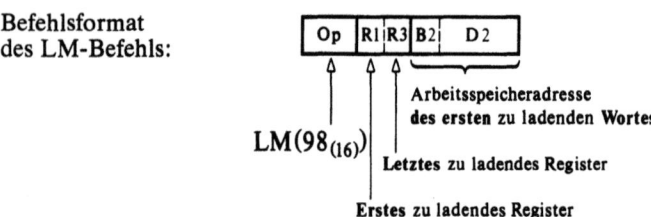

Der Befehl »Load Multiple« gehört dem Befehlstyp RS (Register-Speicher) an. Zur Erläuterung seiner Funktionsweise sei nachfolgende Codierung gegeben:

```
        LM      2,4,KON1
        |
        |
KON1    DC      F'4'
        DC      F'5'
        DC      F'6'
```

In diesem Beispiel wird das erste angegebene Register 2 mit dem Inhalt 00 00 00 04 geladen, danach das an Register 2 anschließende Register 3 mit dem Inhalt von KON1 + 4 (00 00 00 05) und schließlich das Register 4 mit dem Inhalt 00 00 00 06.

Wir können also folgende Funktionsweise festhalten: Eine Folge von Mehrzweckregistern, beginnend mit R1 und endend mit R3, wird mit jeweils 1 Wort langen Operanden geladen. Die Adresse B2/D2 gibt die Speicherstelle des ersten zu ladenden Wortes an; das Laden der Mehrzweckregister erfolgt in aufsteigender Reihenfolge.

3.12. Die Register 2 bis 4 könnten auch mit dem einfachen Ladebefehl L geladen werden. Wie müßte das codiert werden?

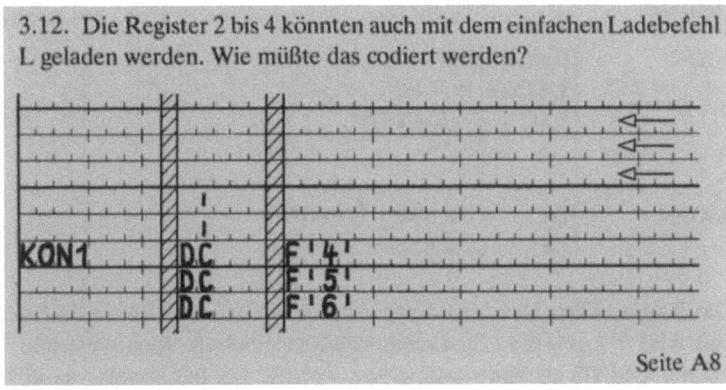

Seite A8

Bevor nun mit dem Befehl LM die Erweiterung der Adressenbildung vervollständigt wird, seien noch kurz die Fälle untersucht, bei denen mit LM nur *eines* oder *alle* Register geladen werden.

3.13. Das ab der Adresse WORT stehende Wort ist sowohl mit einem L- als auch mit einem LM-Befehl in das Register 7 zu laden (vgl. hierzu auch Seite A42).

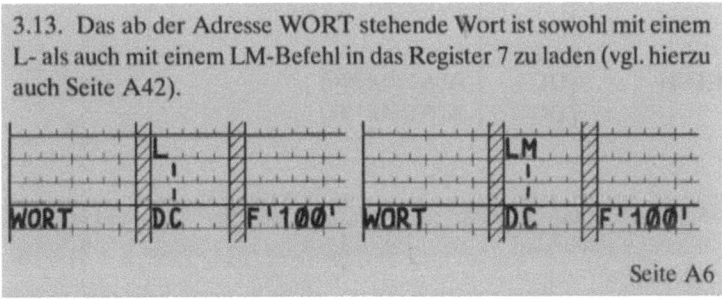

Seite A6

Wenn, wie in manchen Anwendungsfällen, alle Mehrzweckregister geladen werden sollen, so muß durch R3 das kleinere Register angegeben werden, wie z. B. in folgendem Fall:

     LM |4,3,KON

Mit Register 4 beginnend werden aufwärts alle Mehrzweckregister geladen. Sobald die Register 4 bis einschließlich 15 geladen sind, folgen die Register 0,1,2 und 3. Erst dann ist die Befehlsausführung beendet.
Eine häufige Anwendung des LM-Befehls ist das Laden mehrerer Basisadreßregister.

Beispiel:

ANF	BALR	3,0
	USING	*,3,4,5
	LM	4,5,AKON
	|	
	|	
AKON	DC	A(ANF+2+4096)
	DC	A(ANF+2+8192)

Das Basisadreßregister 3 wird hier – durch BALR – mit dem Adreßwert von ANF+2 geladen. Zusätzlich sind aber noch die Register 4 und 5, die mit USING ebenfalls zugewiesen wurden, mit den jeweils um 4096 erhöhten Adreßwerten zu laden. Mit LM gewährleistet dies die Definitionen *(ANF+4098)* und *(ANF+8194)*. Für obiges Beispiel könnte auch der nachfolgende Programmanfang gewählt werden:

ANF	BALR	3,0
	USING	A1,3,4,5
A1	LM	4,5,AKON
	|	
	|	
AKON	DC	A(A1+4096)
	DC	A(A1+8192)

3.14. Wie muß ein Programmanfang (mit den Konstantendefinitionen) codiert sein, wenn die Register 4 bis einschließlich 7 benötigt werden?

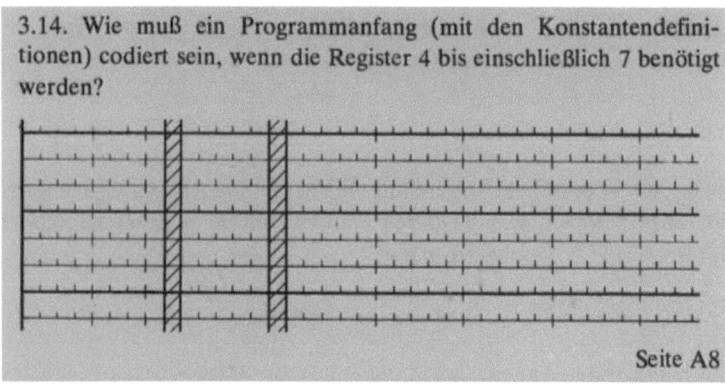

Seite A8

Da die Adreßkonstanten im Zugriffsbereich des für den LM-Befehl zuständigen Basisadreßregisters liegen müssen, werden derartige Programmanfänge im allgemeinen wie folgt codiert:

ANF	BALR	5,0
	USING	A1,5,6,7
A1	LM	6,7,BASADR
	B	WEITER
BASADR	DC	A(A1+4096)
	DC	A(A1+2*4096)
WEITER	MVC	

Das heißt, man definiert die zugehörigen Adreßkonstanten am Programmanfang und überspringt sie mit einem B-Befehl.

3.7. Regeln für die wohlstrukturierte Programmierung

In Teil I dieses Lernprogramms wurden bereits eine Reihe von Regeln für eine wohlstrukturierte Programmierung erläutert. Wohlstrukturiert programmieren heißt u. a., ein Programm so zu schreiben, daß es lese- und änderungsfreundlich ist. Dies kann dadurch erreicht werden, daß im Programm
- die Längenangaben in den Befehlen möglichst nicht explizit, sondern mit Längenmerkmalen erfolgen,
- der Programmaufbau und die Programmierlogik durch ergänzende Kommentare ersichtlich sind,
- die explizite Adressierung generell weitgehend eingeschränkt ist.

Ein Hilfsmittel hierzu ist u. a. die Assembleranweisung EQU. Siehe hierzu zunächst den Anhang, Seite A69

EQU (equate ≙ Gleichsetzen) bewirkt also das »Gleichsetzen« eines Namens mit einem Ausdruck. Im folgenden wird der Vorteil, den diese Anweisung bietet, an zwei Beispielen betrachtet.

a) Bezeichnen der Mehrzweckregister mit symbolischen Namen:

In Assemblerbefehlen der Typen RS, RX und RR können die Register 0–15 verwendet werden.

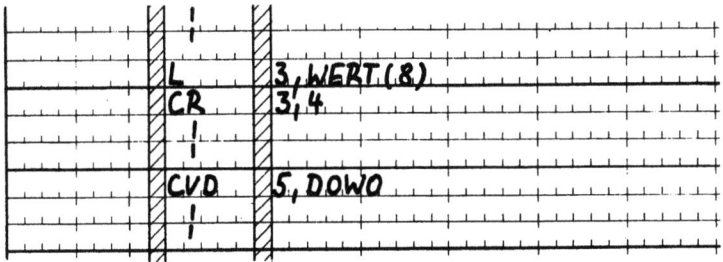

Es ist nun sinnvoll, die in einem Programm benutzten Register mit EQU Namen gleichzusetzen und somit in Befehlen symbolisch anzugeben.

```
REG3      EQU    3
REG4      EQU    4
REG5      EQU    5
REG8      EQU    8

          L      REG3,WERT(REG8)
          CR     REG3,REG4

          CVD    REG5,DOWO
```

Somit ist vermieden, daß bei einer späteren Programmänderung, z.B. wegen eines Registerwechsels, evtl. zu ändernde Befehle übersehen würden. Es braucht dann nämlich nur die entsprechende EQU-Anweisung geändert und das Programm neu übersetzt zu werden, z.B. REG3 EQU 7.

b) Trennen der Sprungadressen von Befehlen

```
A1        GET    KARTE



          B      A1
```

Der Rücksprung in vorstehender Codierung soll auf den Makro GET an der Adresse A1 erfolgen. Sollen z.B. zu einem späteren Zeitpunkt bei einer Programmänderung weitere Befehle *vor* diesen GET-Makro eingefügt werden, so müßte auch dieser Makro neu codiert werden. Dies kann wie folgt vermieden werden:

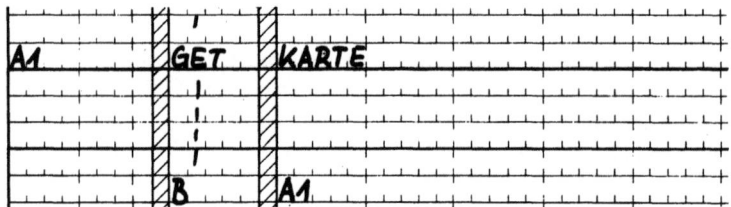

```
A1        EQU    *              EINFUEGEN WEI-
          GET    KARTE          TERER BEFEHLE
                                MOEGLICH.


          B      A1
```

Durch diese EQU-Anweisung wird lediglich der Name A1 definiert; Stern (∗) im Operandenfeld bedeutet ja, wie bereits in Teil II dieses Lernprogramms behandelt, den Adreßpegel der Zeile, in der dieser Stern erscheint.

Bei einer Programmänderung brauchen die neuen Befehle lediglich eingefügt und das Programm neu übersetzt zu werden.

Ab hier werden in diesem Lernprogramm Register immer mit symbolischen Namen (R0–R15) geschrieben.

4. Spezielle Befehle

4.1. Druckaufbereitung

Verschiedentlich stellte sich, wenn Ausgabeoperationen zu codieren waren, die Aufgabe, dezimale Ergebnisse irgendwelcher Rechenoperationen zum Druck aufzubereiten. Dies erforderte das Entpacken der Ergebnisdaten, die Korrektur des Vorzeichens und in manchen Fällen auch das Einfügen eines Kommas.

Die Druckaufbereitung in praktischen Anwendungsfällen bedingt jedoch vielfach eine wesentlich umfangreichere Behandlung der auszugebenden Daten. So sind beispielsweise häufig Zahlenfelder auf Vordrucken durch vorangestellte Zeichen fälschungssicher zu machen, oder längere Ziffernkolonnen durch Punkte und Kommas zu unterteilen.

Zahlenfeld im Speicher   Aufbereitetes und gedrucktes Feld
000413010C ─────────► ∗∗∗4130,10
100000000C ─────────► 1.000.000,00

Im allgemeinen unterscheidet man folgende Aufbereitungskriterien:
- Schecksicherung   ∗∗∗∗∗627,25
- Ziffernkolonnen mit Punkt und Komma   10.100,20
- Kennzeichnung negativer Zahlen   10,00−
- Führende Nullen   0,05
- Unterdrückung führender Nullen: Statt 00237,50   237,50
- Besondere Hervorhebungen von Zahlenwerten   250,00 SOLL

Die Aufbereitung von Daten hinsichtlich sämtlicher aufgezählter Kriterien wird in der Assemblersprache mit einem sogenannten *Aufbereitungsbefehl* realisiert.

4.2. Der Befehl »Edit«, ED

Edit steht für »Aufbereiten«. Entsprechend einer vorzugebenden Aufbereitungsmaske werden bei der Befehlsausführung dezimale Rechenergebnisse entpackt, Vorzeichen berücksichtigt, Interpunktion und Füllzeichen eingefügt. Der Befehl Edit ist ein SS-Befehl und hat den mnemotechnischen Operationscode ED.

Befehlsformat:

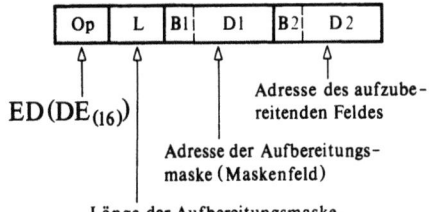

Das Sendefeld (B2/D2) muß eine gepackte Dezimalzahl enthalten. Die durch die erste Adresse (B1/D1) angegebene Aufbereitungsmaske stellt nun die eigentliche *Steueranordnung* dar, nach der die Operanden des Sendefeldes byteweise von links nach rechts bearbeitet werden. Die Länge dieses Maskenfeldes ist im Längenteil um 1 reduziert anzugeben.
Bei der Befehlsausführung wird die Aufbereitungsmaske durch das Ergebnis ersetzt.

4.2.1. Die Aufbereitungsmaske

Die Verschiedenartigkeit der Druckaufbereitung, die der Edit-Befehl zuläßt, *reduziert sich auf die Möglichkeiten beim Aufbau der Aufbereitungsmaske.*

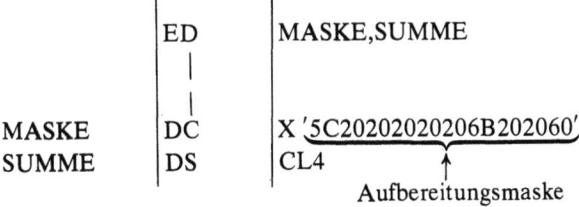

Bei der Ausführung dieses ED-Befehls würde z.B. die in dem Feld SUMME stehende negative Zahl 0010020D wie folgt aufbereitet:

$$0010020D \longrightarrow \ast\ast\ast100,20-$$

Um die vielfältigen Möglichkeiten mit dem ED-Befehl kennenzulernen, wird im folgenden die Systematik der Aufbereitungsmaskenbildung dargestellt, die alle Kriterien für die Druckaufbereitung enthält. Das nachfolgende Beispiel zeigt wesentliche Zusammenhänge bei der Ausführung eines Edit-Befehls.

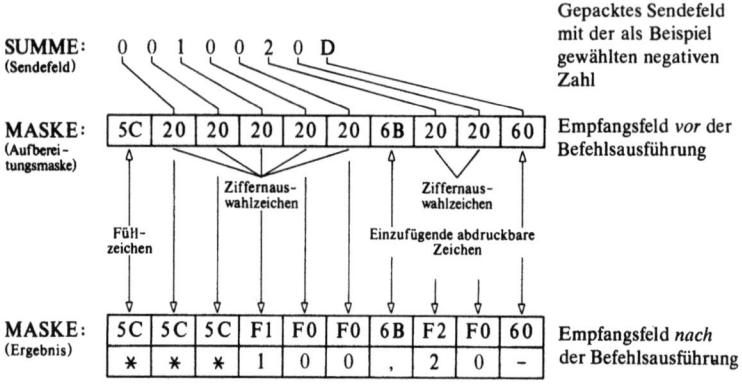

Diese spezielle, auf eine bestimmte Aufbereitung ausgerichtete Maske enthält folgende Kriterien der Aufbereitungssystematik:
Ein frei wählbares Füllzeichen – hier * – steht immer *als erstes Byte* einer Maske und bewirkt, daß *alle führenden Nullen* des Sendefeldes durch das Füllzeichen im Empfangsfeld ersetzt werden. Da das Füllzeichen (erstes Zeichen) unverändert im Ergebnis stehen bleibt, wird ∗∗∗ 100,20− ausgegeben, nicht ∗∗ 100,20−.
Die Steuerzeichen »Ziffernauswahl« (Ziffernauswahlzeichen), sedezimal 20, *bewirken das Einsetzen der Ziffern* aus dem Sendefeld anstelle der jeweiligen Maskenzeichen im entpackten Format. Zu jeder Dezimalziffer des Sendefeldes gehört genau ein Ziffernauswahlzeichen.
Das einzufügende Satzzeichen $6B_{(16)}$ ist an der Stelle der Maske angeordnet, an der ein Komma stehen soll: *Die an den passenden Stellen eingefügte Interpunktion verbleibt unverändert im Ergebnis;* es handelt sich hierbei um abdruckbare Zeichen. Derselbe Sachverhalt gilt auch für das Minuszeichen $60_{(16)}$. Falls jedoch in SUMME eine positive Zahl vorliegen sollte, würde $60_{(16)}$ durch das Füllzeichen $5C_{(16)}$ ersetzt werden.

Beispiele:

```
         ED    MASKE,,SUMME
MASKE    DC    X'6120202020206B2020060'
SUMME    DS    CL4
```

a) SUMME enthalte eine negative Dezimalzahl

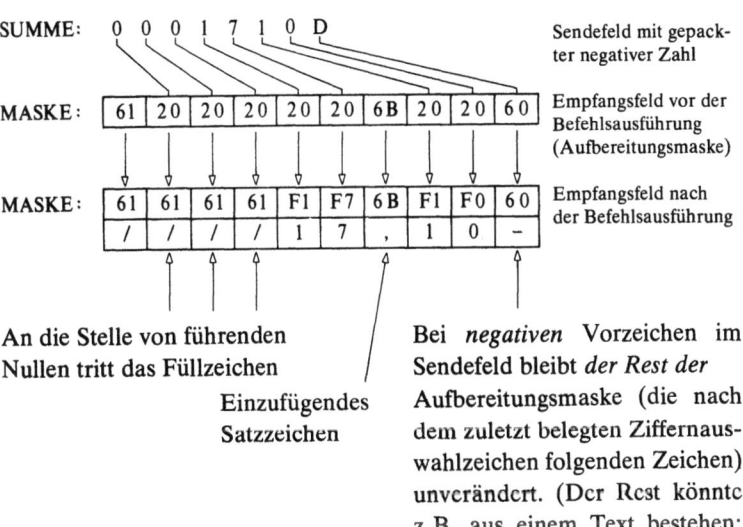

An die Stelle von führenden Nullen tritt das Füllzeichen

Einzufügendes Satzzeichen

Bei *negativen* Vorzeichen im Sendefeld bleibt *der Rest der Aufbereitungsmaske* (die nach dem zuletzt belegten Ziffernauswahlzeichen folgenden Zeichen) unverändert. (Der Rest könnte z.B. aus einem Text bestehen: ////17,10SOLL).

b) SUMME enthalte eine positive Dezimalzahl

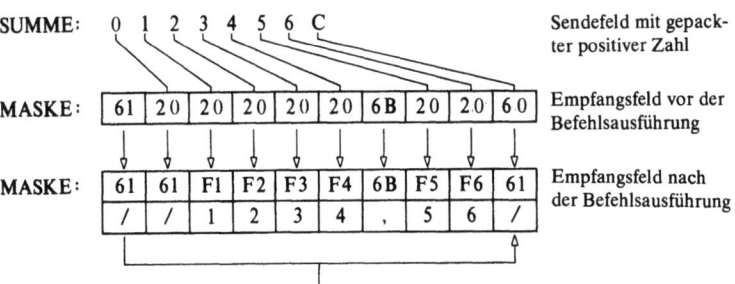

Bei *positivem* Vorzeichen im Sendefeld wird der *Rest der Aufbereitungsmaske* (hier nur 1 Byte) mit dem Füllzeichen überschrieben.

4.1. Welchen Inhalt müßte eine Maske haben, um die Dezimalzahl 0104728C so aufzubereiten, daß sich als Ergebnis folgender Ausdruck ergeben würde: **1.047,28*?

Seite A8

An drei weiteren Beispielen sollen die Aufbereitungsmöglichkeiten mit dem ED-Befehl erläutert werden.

Beispiel 1:

```
            ED    MASK1,REFE
            
MASK1       DC    X'402020202020206B2020'
REFE        DS    CL4
```

Häufig ist es erforderlich, statt eines sichernden Füllzeichens, wie z. B. *, das Füllzeichen »Zwischenraum«, 40$_{(16)}$ zu verwenden.

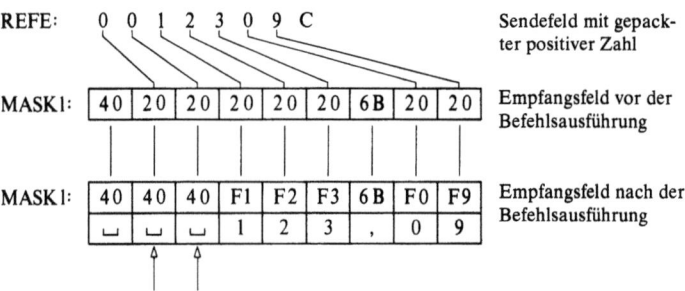

An die Stelle führender Nullen tritt das Füllzeichen 40$_{(16)}$.

Das Maskenfeld wurde in diesem Beispiel so ausgelegt, daß der Vorzeichenstelle des Sendefeldes kein Maskenzeichen zugeordnet ist. Man wird diese Lösung immer dann wählen, wenn nur positive Zahlen zu erwarten sind, da eventuell folgende Maskenzeichen ja ohnehin durch das Füllzeichen ersetzt würden.

Beispiel 2: Wenn man in Beispiel 1 das Empfangsfeld MASK1 durch MASK2: 40 20 20 4B 20 20 20 6B 20 20 austauscht, wird auch das einzufügende Zeichen 4B durch das Füllzeichen überschrieben.

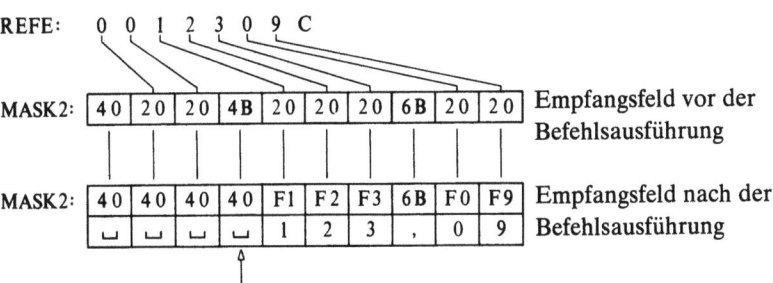

Diese Stelle wird ebenfalls durch das Füllzeichen überschrieben, da eine Stelle vor 4B noch eine führende Null vorlag.

Beispiel 3: Für den Fall, daß im Sendefeld eine negative Zahl gespeichert ist, sei folgende Maske gewählt:

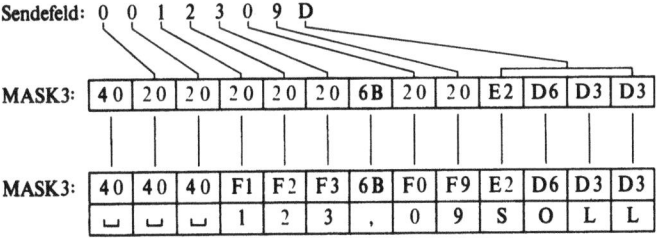

Wenn im Sendefeld ein negatives Vorzeichen festgestellt wird, bleibt der Rest der Aufbereitungsmaske *unverändert* bestehen[13].

---

13 Falls anstelle einzusetzender Zeichen wie E2, D6... Ziffernauswahlzeichen stehen sollten, werden diese aber durch das Füllzeichen ersetzt.

4.2. Die folgenden ED-Befehle und die zugehörigen Aufbereitungsmasken seien gegeben:

1)	ED	MASK1,SUMME
2)	ED	MASK2,SUMME
3)	ED	MASK3,FELD
4)	ED	MASK3,REFE
5)	ED	MASK4,REFE

MASK1	DC	X'40204B20206B2020'
MASK2	DC	X'5C2020206B2020'
MASK3	DC	X'5C20202020206B2020D4C9D5E4E2'

Die Feldinhalte betragen von SUMME: 00 00 6C
FELD: 12 40 05 0D
REFE: 01 28 47 1C

Welche Ergebnisse sind zu erwarten, wenn die ED-Befehle 1. bis 4. unabhängig voneinander ausgeführt werden und welche Maske müßte in 5. gebildet werden, um das Ergebnis 40 40 F1 F2 F8 6B F4 F7 F1 zu erhalten (Angaben sedezimal)?

1) MASK1: ....

2) MASK2: ....

3) MASK3: ....

4) MASK3: ....

5) MASK4: X' ....

Seite A9

In den bisher erarbeiteten Beispielen wurde bei der Bildung der Aufbereitungsmaske von zwei speziellen Maskenzeichen Gebrauch gemacht: dem Füllzeichen (z. B. $40_{(16)}$, $5C_{(16)}$) und dem Ziffernauswahlzeichen $20_{(16)}$. Mitunter treten indes Fälle auf, die zusätzliche Maskenzeichen erforderlich machen. So müssen beispielsweise immer wieder Ausdrücke der Art 0,0001 aufbereitet werden, ebenso wie es in manchen Aufgabenstellungen notwendig sein kann, mehrere gepackte Zahlen in einem Arbeitsgang entsprechend zu verarbeiten. Es gibt für derartige Anwendungen daher *zwei weitere Maskenzeichen,* so daß insgesamt *vier* Steuerzeichen unterschieden werden können.

Maskenzeichen (Steuerzeichen)   *EBCDI-Verschlüsselung*
1. Füllzeichen   z. B. 40,5C   (beliebiges abdruck-
2. Ziffernauswahlzeichen   20   bares Zeichen)
3. Geltender Ziffernbeginn   21
4. Feldteiler   22

Die Anwendung der Steuerzeichen »Geltender Ziffernbeginn« und »Feldteiler« soll an den folgenden Beispielen dargelegt werden.

Steuerzeichen »Geltender Ziffernbeginn«: Nicht in allen Fällen ist es wünschenswert, die führenden Nullen eines Rechenfeldes zu unterdrücken. Um etwa Dezimalzahlen der Art 0,5 oder 0,073 aufzubereiten, müssen die jeweiligen Nullen vor dem Dezimalkomma bestehen bleiben: Das kann durch das Maskenzeichen 21 gesteuert werden.

Der Inhalt von FELD betrage: 00 07 3C

Maske: | 40 | 21 | 20 | 6B | 20 | 20 | 20 |
                 ↑

Beginn geltender Ziffern, d. h., alle *rechts des Steuerzeichens 21* stehenden führenden Nullen werden übertragen.

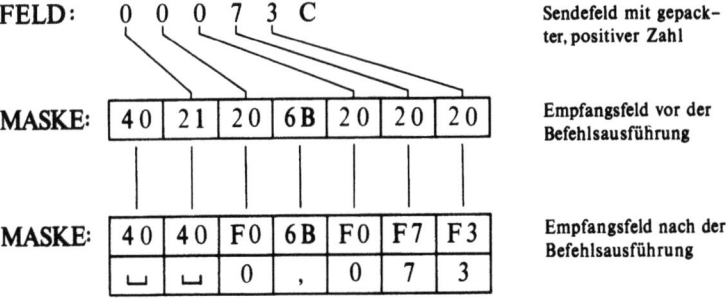

Die in FELD vorliegende gepackte Zahl wird durch das Maskenfeld

MASKE so aufbereitet, daß alle rechts des Steuerzeichens 21 zugeordneten führenden Nullen *ebenso erhalten bleiben* wie alle anderen Zeichen.

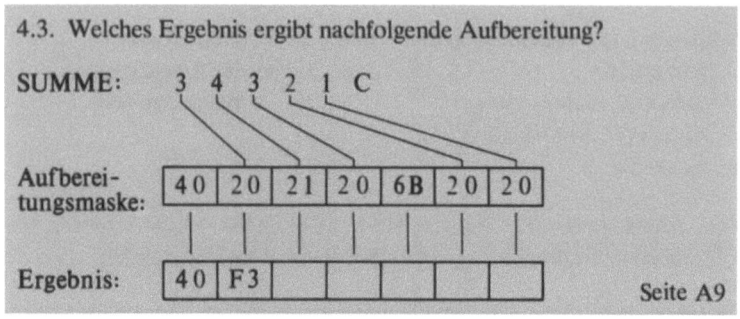

Wenn, wie in dieser Aufgabe deutlich wird, *der Stelle des Steuerzeichens 21 $_{(16)}$ oder links davon* bereits eine der Ziffern 1 bis 9 zugeordnet ist, kommt dem Zeichen 21 keine besondere Bedeutung zu. *Es wird dann wie ein Ziffernauswahlzeichen (20) interpretiert*. Ein weiteres Beispiel soll diesen Zusammenhang aufzeigen.

Beispiel:

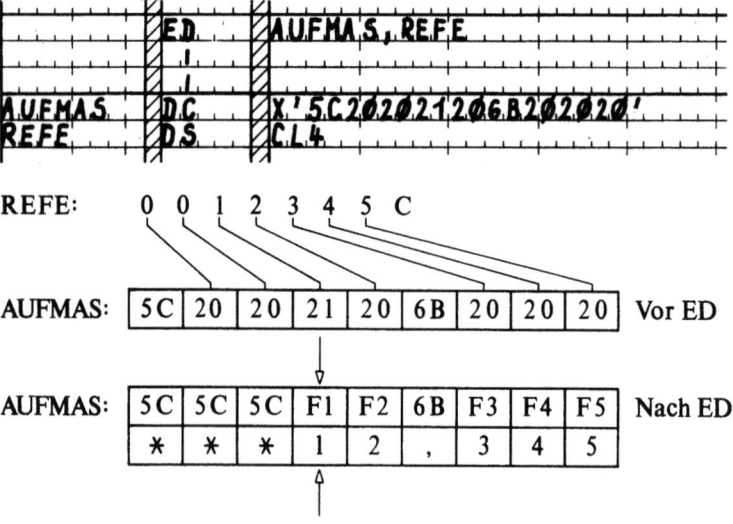

Bei direkter Zuordnung einer der Ziffern 1 bis 9 zu der Stelle 21 wird das Steuerzeichen »geltender Ziffernbeginn« wie ein Ziffernauswahlzeichen behandelt.

Steuerzeichen Feldteiler: Neben den erörterten Anwendungen tritt bisweilen der Fall auf, daß *mehrere gepackte Zahlen in einem Arbeitsgang* aufbereitet werden müssen. Am Beispiel eines Divisionsergebnisses läßt sich dieser Anwendungsfall verdeutlichen.

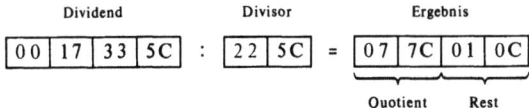

Das Ergebnis in dieser Form aufzubereiten, schließt sich schon deshalb aus, weil nach Erkennen des positiven Vorzeichens alle nachfolgenden Ziffern oder Zeichen mit dem Füllzeichen überschrieben würden. Es ist daher erforderlich, ein Steuerzeichen zu verwenden, das nach erfolgter Verarbeitung des ersten Feldes (Quotient), die Aufbereitung des zweiten, hier des Restfeldes, ermöglicht. Dieses Steuerzeichen heißt »Feldteiler« und hat die Verschlüsselung $22_{(16)}$. Um das Ergebnisfeld mit Quotient und Rest aufzubereiten, kann nunmehr folgende Maske gebildet werden:

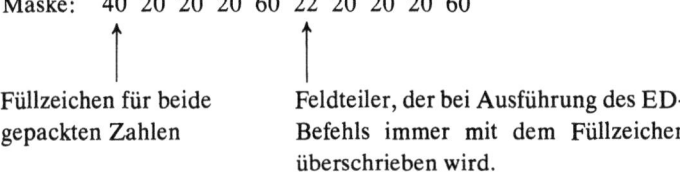

Das Aufbereitungsergebnis sieht dann wie folgt aus:

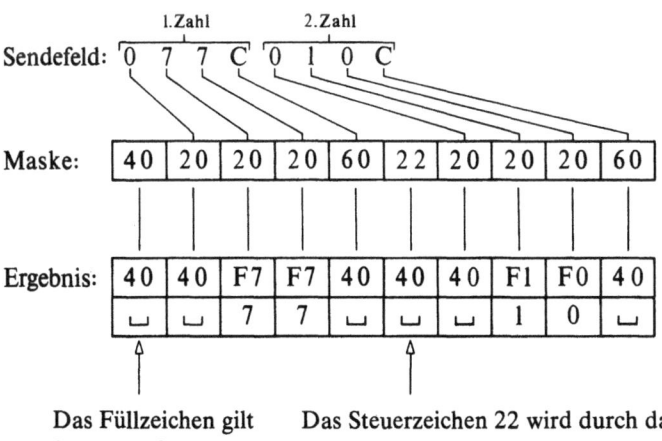

Sobald das Steuerzeichen 22 in der Aufbereitungsmaske erkannt wird, wird die Aufbereitung der letzten Zahl abgebrochen und die der nachfolgenden begonnen. *Der Feldteiler selbst wird stets durch das Füllzeichen* ersetzt.

Zur Anwendung des Edit-Befehls kann man indessen, und hiervor handelt der nächste Abschnitt, auf eine gewisse Systematik zurückgreifen, die insbesondere die Bildung der jeweiligen Aufbereitungsmaske erleichtert.

4.2.2. Markierschalter, Trigger

Die Vielfalt möglicher Aufbereitungsarten beim ED-Befehl kann mit Hilfe des Begriffs *Markierschalter* übersichtlich zusammengefaßt werden. Zugleich ist damit ein systematisches Vorgehen bei der Bildung von Aufbereitungsmasken und bei der Ergebnisbestimmung gegeben.

Der Markierschalter oder Trigger genannt, kennzeichnet zwei Arbeitszustände des ED-Befehls, die mit 0 und 1 bezeichnet werden[14]. In der folgenden Tabelle sind die Arbeitszustände und die entsprechenden Auswirkungen dargestellt.

I. *Der Markierschalter wird auf 1 gesetzt,* wenn a) im Sendefeld eine Ziffer ungleich 0 erkannt wird, oder b) (nachdem) im Maskenfeld das Steuerzeichen 21 gefunden wurde.	*Auswirkung bei 1:* Die Ziffern des Sendefeldes werden entpackt und überschreiben die Steuerzeichen der Maske; außerdem bleibt jedes einzufügende Zeichen der Maske unverändert bestehen.
II. *Der Markierschalter wird auf 0 gesetzt:* a) Zu Beginn eines ED-Befehls; b) wenn das Steuerzeichen 22 (Feldteiler) erkannt wird; c) wenn in den niedrigstwertigen vier Stellen eines Bytes des Sendefeldes ein positives Vorzeichen gefunden wurde.	*Auswirkung bei 0:* Jedes Steuerzeichen (einschließlich $21_{(16)}$) und jedes einzufügende Zeichen im Maskenfeld wird mit dem Füllzeichen überschrieben.

---

[14] Der Markierschalter wird hardware-intern durch ein Bit (Flip-Flop) im Rechenwerk realisiert.

Beispiel:

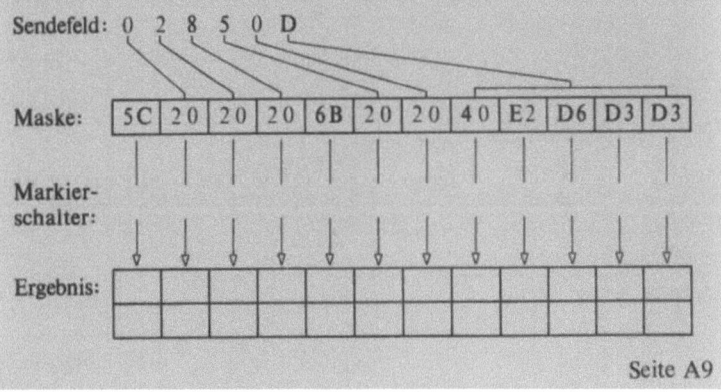

4.4. Unter Zuhilfenahme des Markierschalters soll die folgende Aufgabe gelöst werden. Dabei soll zuerst der jeweilige Zustand des Triggers eingetragen und anschließend anhand des Arbeitszustands 0 oder 1 die aufbereitete Maske ergänzt werden.

Sendefeld: 0 2 8 5 0 D

Maske: | 5C | 20 | 20 | 20 | 6B | 20 | 20 | 40 | E2 | D6 | D3 | D3 |

Markierschalter:

Ergebnis:

Seite A9

Ein weiteres Beispiel sei angeführt:

```
         ED    MASKFELD,SUMME

MASKFELD DC    X'5C20204B2021206B202060'
SUMME    DS    CL4
```

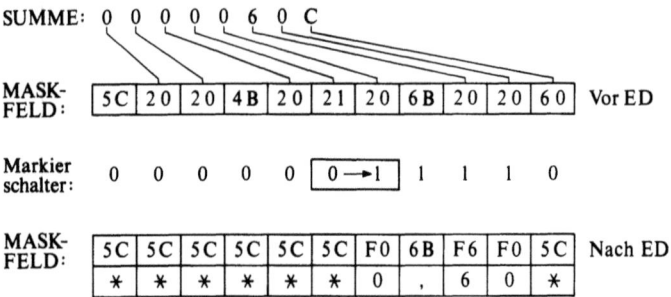

Zu Beginn der Operation steht der Markierschalter auf 0 und verbleibt zunächst in dieser Stellung, da bis zur Erkennung des Steuerzeichens 21 keine der Bedingungen auftritt, die den Trigger in den Arbeitszustand 1 versetzen könnte. Nachdem jedoch das Steuerzeichen 21 aufgetreten ist, wechselt der Triggerzustand von 0 nach 1, so daß ab »21« die nächsten vier Zeichen aufbereitet werden (an der Stelle 21 selbst bleibt der Triggerzustand noch in der Stellung 0). Das positive Vorzeichen C wiederum erbringt den Endzustand 0 des Markierschalters.

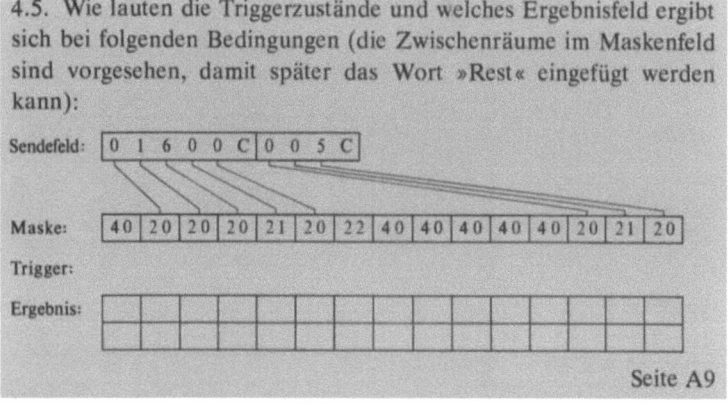

4.5. Wie lauten die Triggerzustände und welches Ergebnisfeld ergibt sich bei folgenden Bedingungen (die Zwischenräume im Maskenfeld sind vorgesehen, damit später das Wort »Rest« eingefügt werden kann):

Seite A9

Bei der Aufbereitung von Divisionsergebnissen ist es in vielen Fällen erforderlich, das Maskenfeld auch für den Fall vorzusehen, daß der Quotient eine negative Zahl ist und als solche durch ein Minuszeichen kenntlich gemacht werden muß.

4.6. Wie muß demgemäß die Aufbereitungsmaske gebildet sein, wenn Sendefeld und Ergebnisfeld die nachstehenden Inhalte aufweisen?

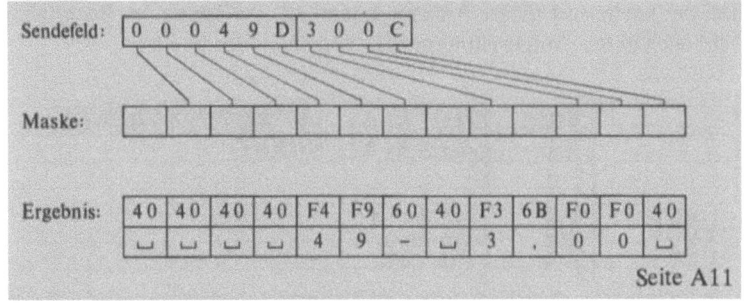

Seite A11

Anzeige: Um z. B. Ergebnisfelder, die den Wert Null enthalten, auch berücksichtigen zu können, oder um bei negativen Ergebnissen eine Sonderbehandlung veranlassen zu können, werden durch den ED-Befehl drei Anzeigen gesetzt. Es bedeuten:

Anzeige 0 Das Sendefeld hat den Wert 0.
       1 Das Ergebnis ist ungleich 0, und im Sendefeld wurde ein negatives Vorzeichen oder kein Vorzeichen festgestellt.
       2 Das Ergebnis ist ungleich 0, und im Sendefeld wurde ein positives Vorzeichen festgestellt.
       3 Wird von ED nicht verwendet.

Hierbei ist noch zu vermerken, daß bei der Aufbereitung mehrerer Felder stets das Vorzeichen der *zuletzt* aufbereiteten Zahl maßgebend ist, also der Zahl, die am weitesten rechts im Sendefeld steht.

4.2.3. Praktische Anwendungen

4.7. Ein Ergebnisfeld SUMME sei 2 Bytes lang, SUMME: XX XC. Der Inhalt von SUMME ist mit der Maske 40 20 21 20 in den ersten Bytes des Feldes AUSB aufzubereiten. Dem Ergebnis sind die Buchstaben DM anzufügen. Wie müßte nachstehendes Formular ergänzt werden (anstelle von DC-Konstanten sollen Literale verwendet werden)?

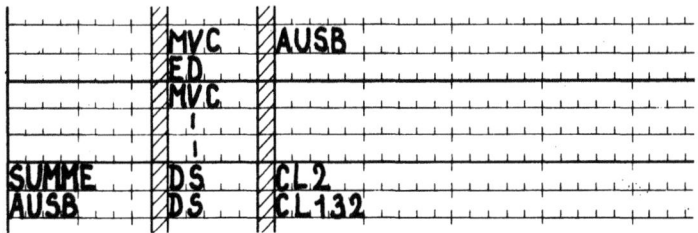

Seite A10

Bei der Codierung dieser Aufgabe könnte die Anfügung der Buchstaben DM auch in der Aufbereitungsmaske vorgenommen werden.

```
              MVC    AUSB(6),=X'40202120C4D4'
              ED     AUSB(4),SUMME

SUMME         DS     CL2
AUSB          DS     CL13
```

SUMME: X X X C

Maske: | 40 | 20 | 21 | 20 | C4 | D4 |

Die Längenangabe im Edit-Befehl beträgt 4, um zu verhindern, daß die letzten beiden Zeichen der Aufbereitungsmaske – DM – durch das Füllzeichen überschrieben werden.

4.8. Das Rechenfeld REFE habe eine Länge von 3 Bytes. Der Wert des Feldinhalts kann positiv wie negativ sein. Falls ein negatives Ergebnis vorliegt, soll es nach der Art 123,45–DM ausgedruckt werden, ein positives Ergebnis nach der Art 123,45⌴DM. Positive und negative Geldbeträge unter 1 DM sind mit führenden Nullen auszugeben, also etwa 0,10– DM oder 0,23⌴DM. Alle übrigen führenden Nullen wie 012,45⌴DM oder 001,45– DM müssen unterdrückt werden. Die Zeichen DM sollen bei der Codierung in die Aufbereitungsmaske einbezogen werden. Der Ausgabebereich sei AUSB.

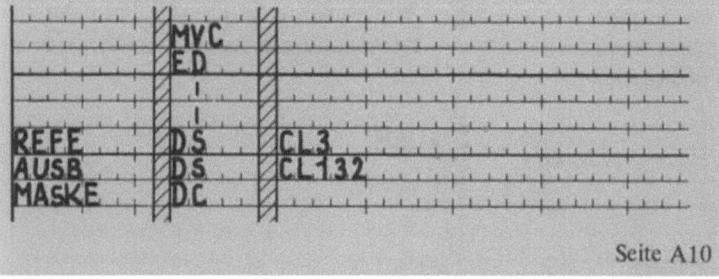

```
              MVC
              ED

REFE          DS     CL3
AUSB          DS     CL13
MASKE         DC
```

Seite A10

Nach den Regeln der wohlstrukturierten Programmierung sollte als Längenangabe besser ein Längenmerkmal gesetzt werden.

```
            MVC   AUSB(L'MASK),MASK
            ED    AUSB(L'MASK-2),,SUMME


MASK        DC    X'4020212060C4D4'
SUMME       DS    CL2
AUSB        DS    CL132
```

Das hat für obiges Beispiel den Vorteil, daß die Maske geändert werden kann, ohne indes die entsprechenden Befehle ebenfalls ändern zu müssen.

4.3. Code-Umsetzung

Es ist in manchen Fällen erforderlich, Informationen aus einem Code in einen anderen Code umzusetzen. Eine derartige Umcodierung fällt beispielsweise bei der Umschlüsselung von Zeichen eines Fremdcodes (z. B. ASCII) in den EBCDI-Code an, oder bei der Erstellung eines Speicherauszugs. In der Assemblersprache kann eine solche Code-Umsetzung mit dem *Translate-Befehl* erfolgen.

4.4. Der Befehl »Translate«, TR

In Verbindung mit einer zugeordneten Code-Tabelle, die den gewünschten Code enthält, realisiert der Translate-Befehl die »Übersetzung« der einzelnen Zeichen.

Beispiel: TR   EINB,TABELLE

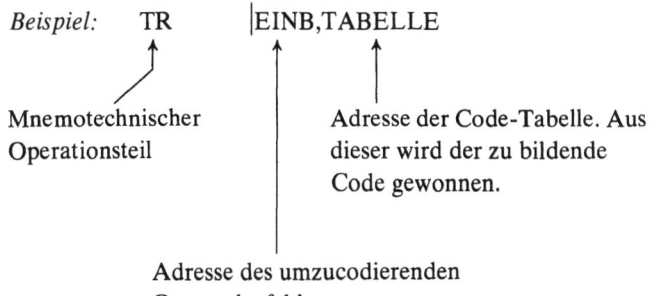

Mnemotechnischer Operationsteil

Adresse der Code-Tabelle. Aus dieser wird der zu bildende Code gewonnen.

Adresse des umzucodierenden Operandenfeldes

Der TR-Befehl ist ein SS-Befehl mit folgendem Format:

Befehlsformat:

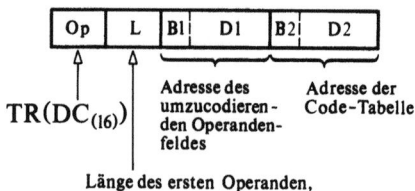

Der durch die erste Adresse (B1/D1) angegebene Operand wird byteweise entsprechend der durch die zweite Adresse (B2/D2) bezeichneten Code-Tabelle umgesetzt. Das Ergebnis ersetzt dann die Bytes in dem durch die erste Adresse angegebenen Feld (siehe auch S. A56).

Um den Vorgang der Umschlüsselung zu verdeutlichen, sei folgender Fall betrachtet: Mit dem TR-Befehl TR |MAPRO,TABELLE soll ein Speicherauszug eines Programms – im Speicher liegt jedes Programm in Maschinensprache vor – über einen Schnelldrucker erstellt werden.

Speicherauszug:

Inhalt: 　　　- - - - |D2|03|32|00|24|00|4A|12|- - -

Geforderte Schnelldruckerausgabe[15]: D203320024004A12...

Wir müssen hierbei beachten, daß der vorstehende Speicherinhalt bei einer Ausgabe ohne Umcodierung nicht in der geforderten Form ausgedruckt würde. Statt D2 würden wir z.B. den Buchstaben K erhalten, denn $D2_{(16)}$ ist die EBCDI-Code Verschlüsselung des Buchstabens K. 03 hingegen entspricht nach dem EBCDI-Code keinem abdruckbaren Zeichen. Da aber die sedezimale Verschlüsselung *eines jeden Halbbytes* ausgedruckt werden soll, muß der betreffende Speicherinhalt zunächst einmal entpackt werden.

---

[15] Es wird in diesem Fall darauf verzichtet, die normalerweise vorhandenen Zwischenräume zwischen jeweils zwei Zeichen (D2–03–...) vorzusehen.

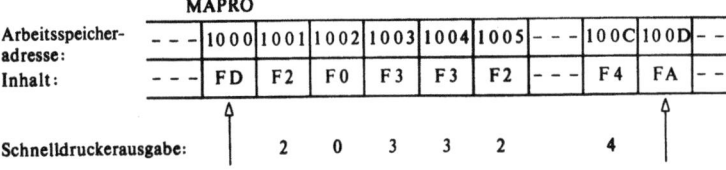

FD, FA sind nicht abdruckbare Verschlüsselungen

Nur die Verschlüsselungen F0 bis F9 sind nach einem erfolgten Entpacken abdruckbar, FA bis FF können nach dem EBCDI-Code jedoch nicht in abdruckbare Zeichen umgesetzt werden. *Den Bytes FA bis FF müssen daher die gewünschten Zeichen zugeordnet werden.*

Die Code-Tabelle, die bis zu 256 Bytes umfassen kann, müßte damit folgende Struktur haben:

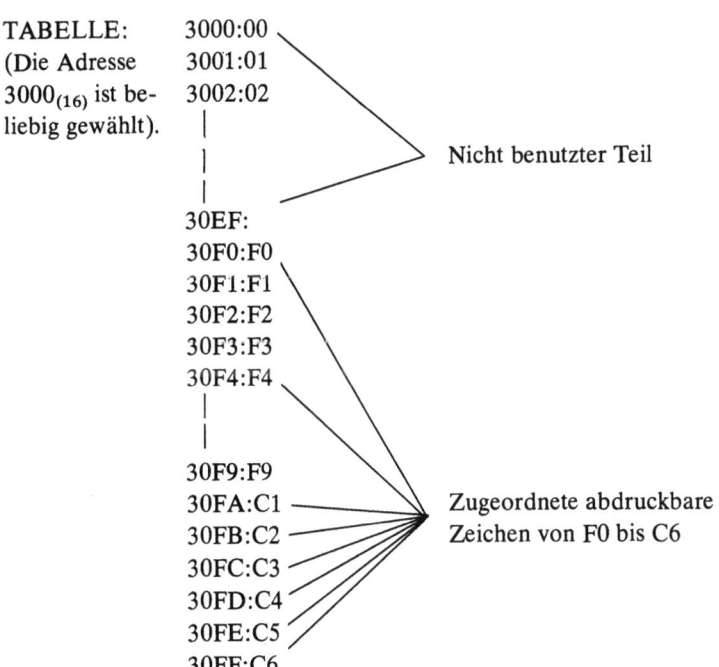

Die Ausführung des TR-Befehls TR |MAPRO,TABELLE geschieht nun wie folgt: Das erste Byte von MAPRO ($FD_{(16)}$) wird zur Adresse TABELLE addiert:

$3000_{(16)} + FD_{(16)} \longrightarrow 30\,FD_{(16)}$

Das Ergebnis (30FD) dieser Addition ist nun wiederum die Adresse eines Bytes der Code-Tabelle – hier von $C4_{(16)}$ (Funktionsbyte). Das so ermittelte Funktionsbyte $C4_{(16)}$ (Buchstabe D) wird schließlich an die Stelle des verarbeiteten Bytes unter der Adresse MAPRO gespeichert und überschreibt somit den früheren Inhalt FD.

MAPRO – 1000:FD   Vor der Befehlsausführung
MAPRO – 1000:C4   Nach der Befehlsausführung

Nach der Umsetzung des ersten Zeichens folgt die des zweiten Zeichens auf die gleiche Art. Die Operation ist beendet, wenn alle Bytes des ersten Operandenfeldes von links nach rechts umcodiert worden sind.
Man bezeichnet die Bytes des ersten Operandenfeldes als *Argumentbytes* (FD,F2,F0...) und die Bytes aus der Code-Tabelle als *Funktionsbytes*.

4.9. Wie lautet für das gewählte Beispiel die Adresse des Funktionsbytes, welches das Argumentbyte FA ersetzt, und was steht nach der Befehlsausführung auf der Adresse MAPRO + 13(100D)?

Adresse des Funktionsbytes: ....

Inhalt von MAPRO + 13: ....

Seite A8

Bei der Ausführung des TR-Befehls bleibt die Code-Tabelle erhalten, es sei denn, daß eine Überlappung von erstem Operanden und Code-Tabelle vorliegt.

4.10. Wie viele Zeichen müßten zur Lösung der einleitend gestellten Aufgabe in der Code-Tabelle unbedingt zugeordnet werden und wie viele Zeichen kann eine Code-Tabelle maximal umfassen?

Erforderliche Zeichen: ....

Maximaler Umfang: ....

Seite A9

Die Assemblerschreibweise für unser Beispiel lautet wie folgt:

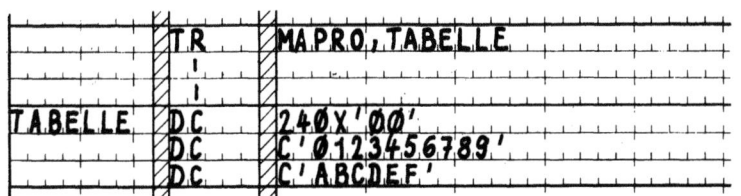

Der Wiederholungsfaktor 240 ergibt sich aus der Umrechnung der Sedezimalzahl F0. Erst ab Adresse TABELLE + 240 (TABELLE + F0) stehen dann die betreffenden einzuordnenden Zeichen. Statt einer DC-Anweisung könnte natürlich auch die DS-Anweisung TABELLE |DS |240C stehen, da der Inhalt dieser Speicherstellen nicht verwendet wird.

4.11. Ab Adresse ACODE sei folgender sedezimaler Inhalt gegeben: 10 11 12 13 14 15. Diese sechs, in einem Fremdcode dargestellten Zeichen sollen durch den TR-Befehl in die Zeichen A,B,C,D,E,F des EBCDI-Code umgesetzt werden:

Fremd- Code		EBCDI- Code	Fremd- Code		EBCDI- Code
10	$\longrightarrow$	A(C1)	13	$\longrightarrow$	D(C4)
11	$\longrightarrow$	B(C2)	14	$\longrightarrow$	E(C5)
12	$\longrightarrow$	C(C3)	15	$\longrightarrow$	F(C6)

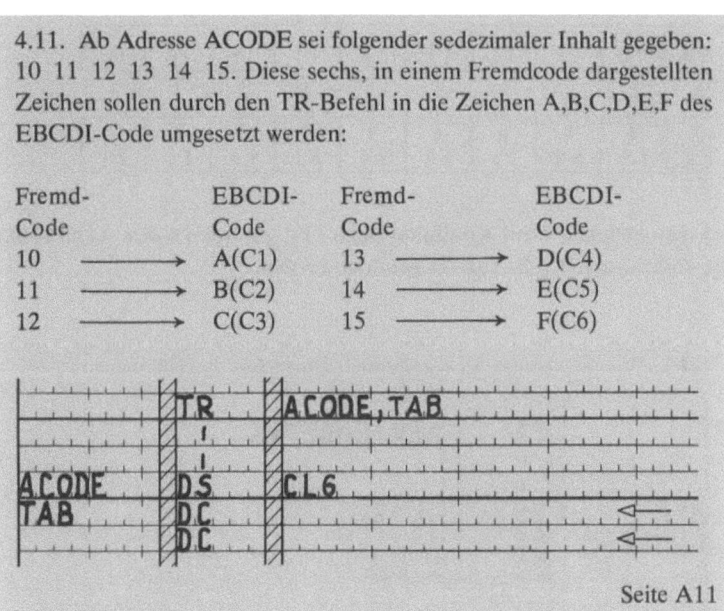

In einem weiteren Beispiel ist die Code-Tabellenumsetzung, die durchaus aufwendiger sein kann, verdeutlicht.
Die im Feld BER (130 Bytes) stehenden sedezimalen Verschlüsselungen (Fremdcode) sollen in abdruckbare Ziffern umgewandelt werden. Es gilt folgende Zuordnung:

Binäre (sedezimale) Verschlüsselung:	Abdruckbare Ziffern		Binäre (sedezimale) Verschlüsselung:	Abdruckbare Ziffern
00001011 (0B)	⟶ 0		00010101 (15)	⟶ 5
00011100 (1C)	⟶ 1		00010011 (13)	⟶ 6
00011010 (1A)	⟶ 2		00010111 (17)	⟶ 7
00011001 (19)	⟶ 3		00001110 (0E)	⟶ 8
00010110 (16)	⟶ 4		00001101 (0D)	⟶ 9

Die höchstwertigen 3 Bits der Bytes des Fremdcodes sind also stets gleich Null. Die noch verbleibenden Kombinationsmöglichkeiten aus 5 Bits, die nicht zugeordnet sind, sollen den Inhalt $FF_{(16)}$ erhalten. Zur Bildung der Code-Tabelle sind die Argumentbytes zunächst als Sedimalzahlen in aufsteigender Reihenfolge zu ordnen:

0B	0D	0E	13	15	16	17	19	1A	1C
⇓	⇓	⇓	⇓	⇓	⇓	⇓	⇓	⇓	⇓
0 F0	9 F9	8 F8	6 F6	5 F5	4 F4	7 F7	3 F3	2 F2	1 F1

Da die restlichen 5-Bit-Kombinationen $FF_{(16)}$ werden sollen, kann somit die vollständige Code-Tabelle gebildet werden.

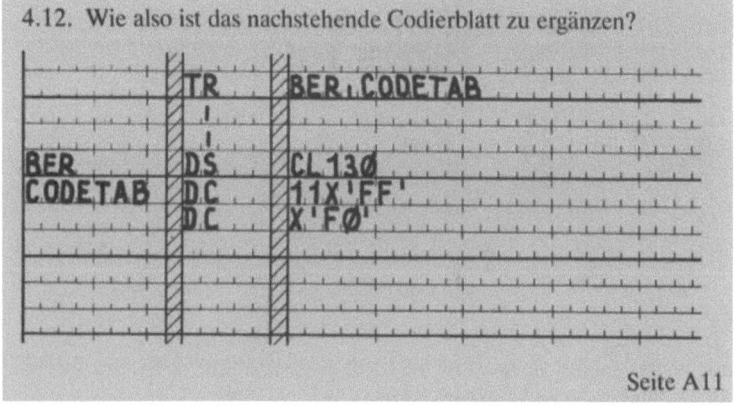

4.12. Wie also ist das nachstehende Codierblatt zu ergänzen?

Seite A11

Übungen

Die nachfolgenden Aufgaben beziehen sich auf das Stoffgebiet der ersten drei Teile des Lernprogramms und dienen der generellen Wiederholung des erarbeiteten Lernstoffes. Die Lösungen sind ab Seite A12 zu finden. Zur Wiederholung der in Teil I vorgestellten Symbole für Programmablaufpläne nach DIN 66001 wird bei 2 Aufgaben mit diesen Symbolen gearbeitet. Die Gegenüberstellung zu Struktogrammsymbolen ist im Anhang ab Seite A81 zu finden.
Bei allen Übungen wird das Gleichsetzen aller Register mit EQU-Anweisungen in der Form

                R0 EQU 0
                R1 EQU 1
                    ⁞

vorausgesetzt.

1. Folgende MVC-Befehle und Definitionen seien gegeben:

   a)   MVC   FELDA(5),ZWR
   b)   MVC   FELDA(5),BLANK
   c)   MVC   FELDA(5),FELDA−1
   d)   MVC   FELDA(4),FELDA+5

   BLANK   DC   X'40'
   FELDA   DS   5C
   ZWR   DC   C' '
   FELDB   DC   C'ABCDE'

   Welche Inhalte (5 Bytes) sind nach Ausführung der Befehle a bis d (die Befehle sind unabhängig voneinander zu betrachten) in dem Bereich FELDA zu erwarten?

   a) FELDA: ....
   b) FELDA: ....
   c) FELDA: ....
   d) FELDA: ....

2. Welche der expliziten Adressierungen in den folgenden MVC-Befehlen ist richtig?

   a)   MVC   0,80(12),200(12)
   b)   MVC   0,(12,80),200(12)
   c)   MVC   0(80,12),200(12)
   d)   MVC   0(12)80,200(12)
   e)   MVC   0,(80,12),12(200)
   f)   MVC   (0,80,12),(200,12)

   Antwort: ....

3. Die Felder A, B und C mit einer Länge von jeweils 3 Bytes sollen in einem Unterprogramm logisch miteinander verglichen werden. Der größte Wert der drei Felder soll in das Feld A gespeichert werden, der kleinste Wert in das Feld C. Danach soll in das Hauptprogramm zurückverzweigt werden.

   Hinweise zum Programmablaufplan: Der skizzierte Ablauf ist ein Vorschlag, wie das Unterprogramm aussehen könnte, es gibt aber auch andere Möglichkeiten.
   Es bedeuten: RSP = Rücksprung
   　　　　　　　Z1 bis Z4 = Symbolische Namen zur Verwendung bei der Codierung.

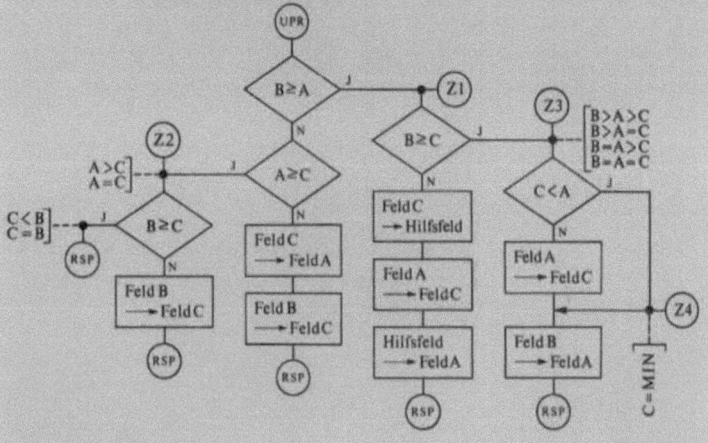

Das Assemblerformular ist auf der folgenden Seite ersichtlich.

3.

4. Welcher der folgenden Vergleichsbefehle enthält einen formalen Fehler?

   a) CLC   EIN,KOM
   b) CLC   EIN(80),KOM(80)
   c) CLC   EIN(80),KOM
   d) CLC   EIN(L'EIN),KOM

   Antwort: ....

5. Eine auf Wortgrenze auszurichtende Binärzahl soll mit dem dezimalen Wert 17 definiert werden. Welche der gegebenen Anweisungen leisten das nicht?

   a) DC   CL4'17'
   b) DC   AL4(17)
   c) DC   PL4'17'
   d) DC   F'17'
   e) DC   HL4'17'
   f) DC   FL4'17'

   Antwort: ....

6. Welche der folgenden Definitionen sind richtig?

   a) DS   CL300
   b) DC   FL3'98765'
   c) DC   A(1)
   d) DS   0D
   e) DC   XL5'20'
   f) DS   7H
   g) DC   A(BEG)
   h) DC   3P'1000'
   i) DS   F

   Antwort: ....

7. Bei jeder der folgenden Assembler-Sprachelemente ist eine Erklärung beigefügt. Welche Erklärung paßt nicht?

   a)   PRINT   Steuerung der Protokollierung
   b)   TITLE   Name des Programms
   c)   NOP   Nulloperation
   d)   DC   Definieren Konstante
   e)   DS   Definieren Speicher
   f)   TERM   Makroaufruf

   Antwort: ....

8. Über einen Schnelldrucker mit der Datei LISTE soll das folgende Druckbild ausgegeben werden:

   K
   KK
   KKK
   KKKK
   KKKKK
   KKKKKK
   |
   |
   |
   |
   KKKK...   K   (132 mal der Buchstabe K)

   Der Ausgabebereich sei DFELD.

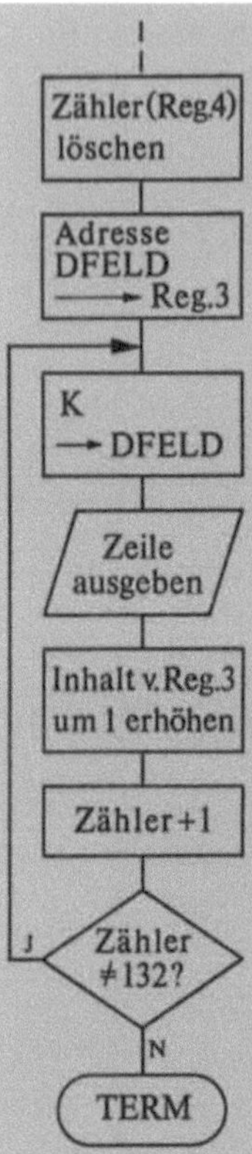

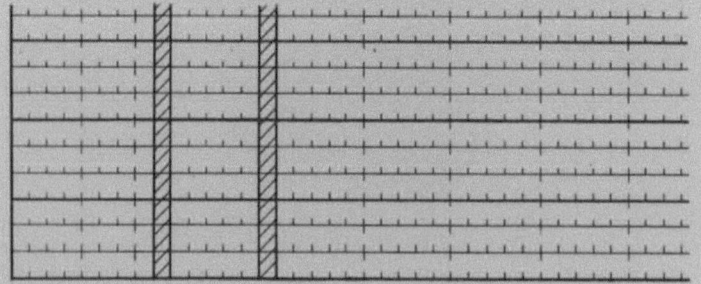

Name	Operation	Operanden und Bemerkungen
BILD	START	
ANF	BALR	R2,R0
	USING	*,R2
DRUCK	DC	Y(DREND-DRUCK)
	DS	CL2
STB	DC	X'40'
DFELD	DC	CL132' '
DREND	EQU	*
KON	DC	C'K'
R0	EQU	0
R2	EQU	2
R3	EQU	3
R4	EQU	4
	END	ANF

9. In einem Assemblerprogramm müssen die Mehrzweckregister 2, 3 und 4 als Basisregister vereinbart und entsprechend geladen werden.

10. Welches Aufbereitungsergebnis ist nach Ausführung des folgenden ED-Befehls zu erwarten.

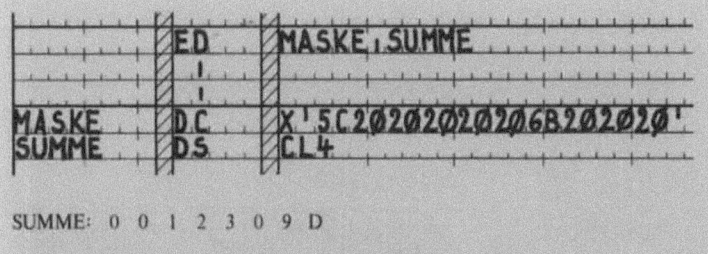

SUMME: 0 0 1 2 3 0 9 D

MASKE: | 5C | 20 | 20 | 20 | 20 | 20 | 6B | 20 | 20 | 20 | Vor ED

Trigger:

MASKE: | | | | | | | | | | | Nach ED

11. Im Arbeitsspeicher sind drei hintereinanderliegende Zahlenfelder gespeichert:

REFE: XXXXXV|XXXV|XXXV

Diese drei Zahlenfelder sollen mit einem ED-Befehl aufbereitet werden. Die Aufbereitungsmaske ist so zu bestimmen, daß Ausdrücke folgender Art ausgegeben werden können (Maske so, daß Zahlenfelder durch Zwischenraum getrennt sind).

1. Feld:	100,23	2. Feld:	123	3. Feld:	123
	100,47−		1		0
	0,23		10		18
	0,28−		0		5

Im ersten Feld sollen demnach negative Zahlen gekennzeichnet werden, soweit diese vorkommen. Außerdem soll ein Komma gesetzt und, falls erforderlich, eine führende Null ausgegeben werden. Im zweiten und dritten Feld treten nur positive Zahlen (einschließlich 0) auf.
Wie müßte hierzu die Maske aussehen.

REFE: X X X X X V X X X V X X X V

MASKE: ....

12. In der folgenden Aufgabe werden von der Plattendatei ZAHLEIN mit RDATA Zahlen eingelesen, die aufsummiert werden müssen. Die Summen je Satz sind über Drucker auszugeben.

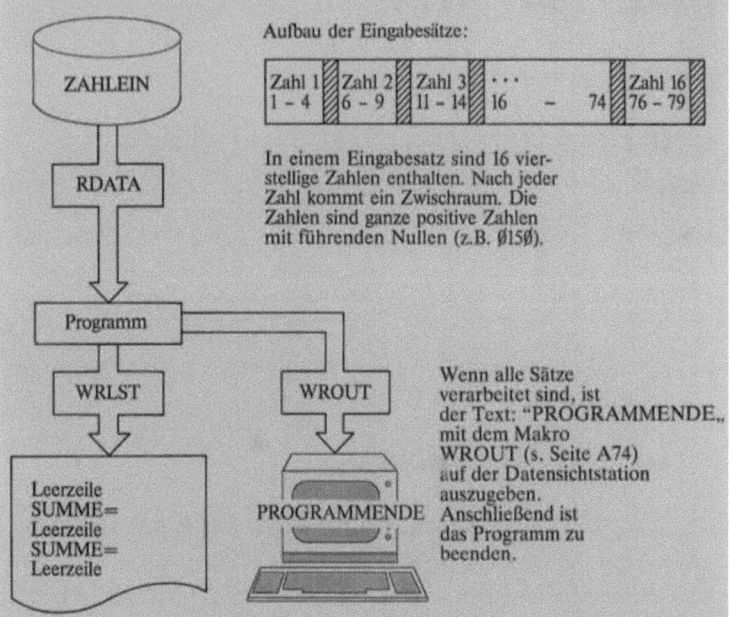

Die Lösung der Aufgabe soll mit Dezimalarithmetik erfolgen. Die zu verwendenden Register, Literale und Konstanten sind entsprechend der Aufgabenstellung selbst zu bestimmen.

Struktogramm

ADDITION von Zahlen
Laden Basisadreßregister
Ausgabebereich löschen
Drucken Leerzeile mit Seitenvorschub
Druckersteuerzeichen für Vorschub um 1 Zeile vor dem Drucken → Steuerbyte (STB)
Lesen Satz solange nicht Dateiende
Zähler (Register 6) = 0
Summenfeld = 0
Adresse des 1. Bytes des gelesenen Satzes → Reg. 8
Solange Zahlen zu addieren sind (R6 < 16)
Packen der über Register 8 adressierten Zahl → GEPWERT
GEPWERT addieren → Summenfeld
Zähler (R6) erhöhen um den Wert 1
Adresse in Reg. 8 erhöhen um den Wert 5
Text: 'SUMME =' → Ausgabebereich
Druckmaske → Ausgabebereich
Aufbereiten des Summenfeldes
Drucken Zeile
Text: "PROGRAMMENDE" an der Datensichtstation ausgeben (Makro WROUT)

Reg. 2 = Basisadreßregister
Reg. 6 = Zähler, zum Erkennen ob alle Zahlen je Satz verarbeitet sind
Reg. 8 = zur Adressierung aller Zahlen innerhalb der eingelesenen Sätze.

Codierung:

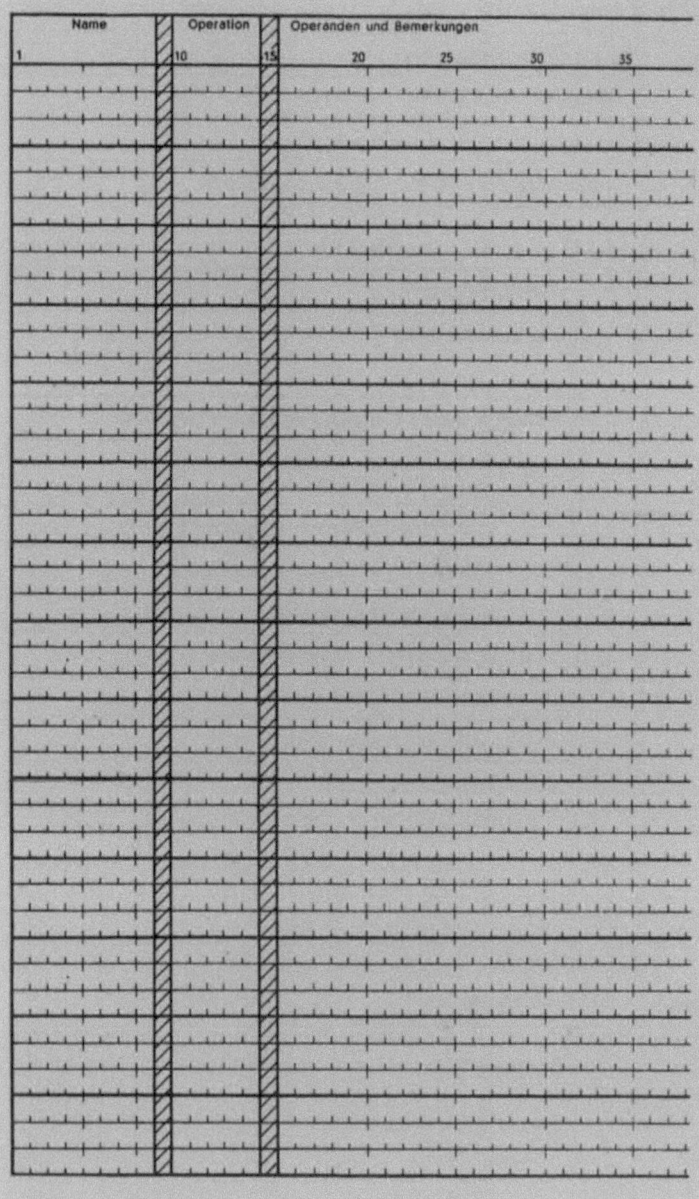

Name	Operation	Operanden und Bemerkungen

| Name | Operation | Operanden und Bemerkungen |

5. Lösungen

1.1. +30: 00000000 00000000 00000000 00011110
oder sedezimal: 00 00 00 1E

−30: 11111111 11111111 11111111 11100010
oder sedezimal: FF FF FF E2

1.2.

```
        CVB   5,DEZZAHL
```

Inhalt von Register 5 nach der Befehlsausführung: 00 00 00 0A

1.3.

```
        CVD   4,DEZZAHL
DEZZAHL DS    D
```

DEZZAHL: 00 00 00 00 00 00 04 6C

1.4.

```
        AR    3,6
```

1.5.

```
        SR    5,2
        SR    2,2
```

1.6.

```
        LR    7,2
```

1.7.

```
        LR    5,4
        AR    4,4        bzw  AR 4,5
        AR    4,5
```

Mit dem ersten AR-Befehl wird die Zahl a in Register 4 verdoppelt. Um a noch einmal aufaddieren zu können (zweiter AR-Befehl), muß der Wert a vor der ersten Addition durch einen LR-Befehl in einem Hilfsregister sichergestellt worden sein.

1.8.

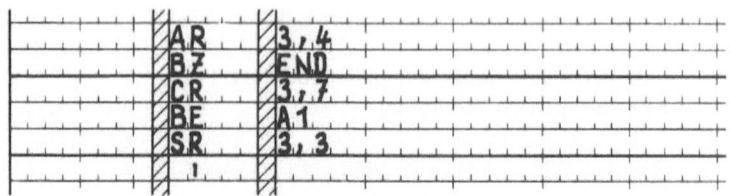

In den beiden Sprungbefehlen »Branch on Zero« und »Branch on Equal« wird die Anzeige 0 ausgewertet.

1.9.

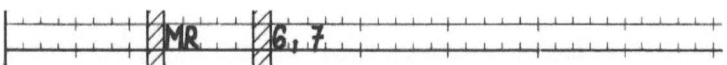

Der 1. Faktor (Multiplikand) muß in einem Registerpaar stehen, dessen Adresse gerade ist. Das geradzahlige Register (6) kann vor der Befehlsausführung jeden beliebigen Wert enthalten, danach bestimmt jedoch das Registerpaar den Produktwert.
Register 6: 00 00 00 00   Register 7: 00 00 00 19

1.10.

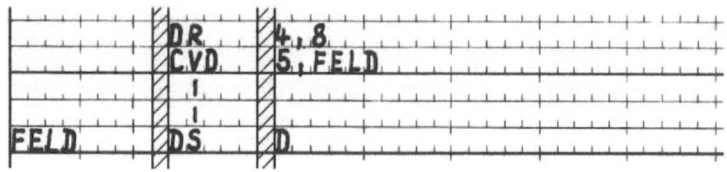

Nach der Befehlsausführung von DR enthält das Register 4 den bei der Division verbleibenden Rest, das Register 5 den Quotienten.

2.1.

```
00 01
FF FF
00 00 00 01
FF FF FF FF
```

Die positiven Vorzeichen können auch entfallen.

1.11.

```
LES         B DATA  EINSATZ,ENDE
            PACK    WERTA,ZAHLA
            PACK    WERTB,ZAHLB
            PACK    WERTC,ZAHLC
            CVB     4,WERTA
            CVB     7,WERTB
            CVB     5,WERTC
            AR      7,4
            SR      7,5
            MR      6,4
            SR      4,4
            CR      7,4
            BE      TEXT
            CVD     7,WERTX
            UNPK    AUSB,WERTX
            MVZ     AUSB+14(1),AUSB
A2          WRLST   DRUCK,FEHL
            B       LES
TEXT        MVC     AUSB(L'KON),KON
            B       A2
             .
             .
             .
EINSATZ     DS      0CL84
SLF         DS      CL2
            DS      CL2
EINB        DS      0CL80
ZAHLA       DS      CL4
ZAHLB       DS      CL4
            DS      CL68
ZAHLC       DS      CL4
WERTA       DS      D
WERTB       DS      D
WERTC       DS      D
WERTX       DS      D
DRUCK       DC      Y(DRUCKEND-DRUCK)
            DS      CL2
STB         DC      X'41'
AUSB        DC      CL15' '
DRUCKEND    EQU     *
KON         DC      CL15'X = NULL'
```

Erläuterungen folgen auf Seite 14 im Lernteil.

2.3.

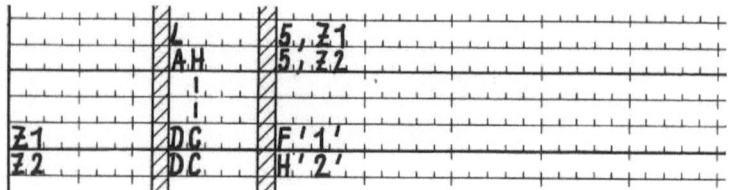

oder:

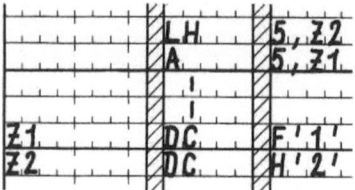

2.4.

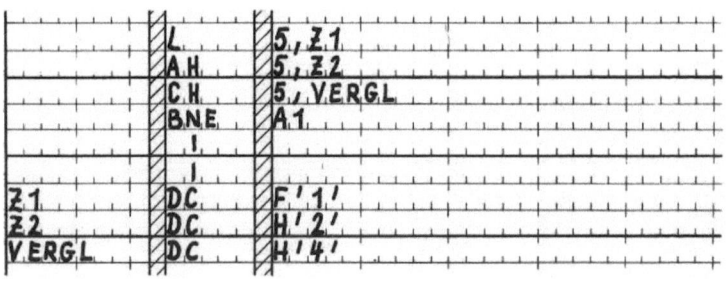

2.5.

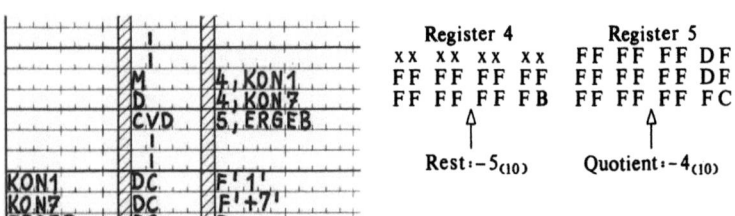

ERGEB: 00 00 00 00 00 00 00 4D

Der Quotient und der Rest haben nach der Division negative Vorzeichen.

2.6.

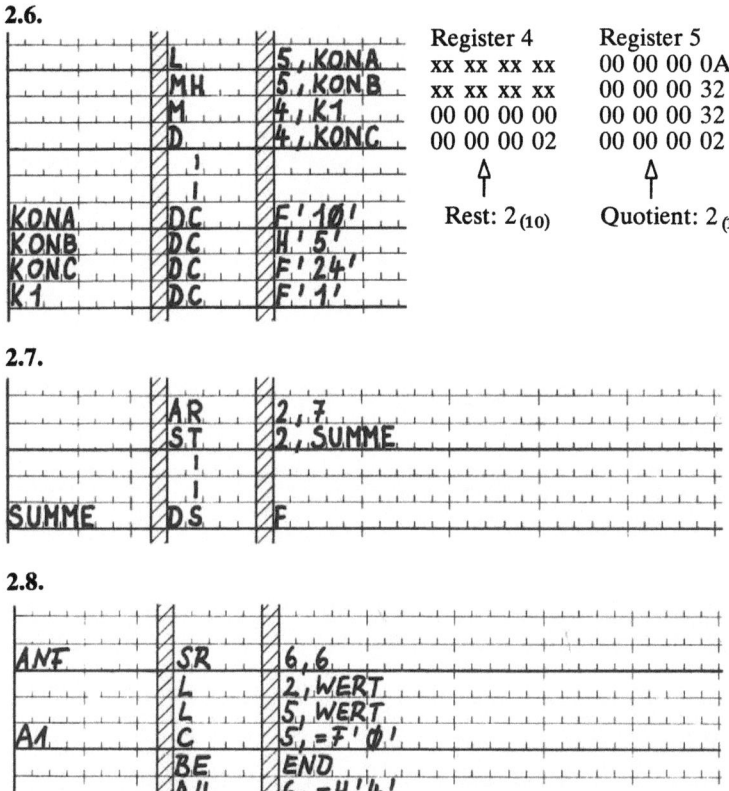

			Register 4	Register 5
	L	5,KONA	xx xx xx xx	00 00 00 0A
	MH	5,KONB	xx xx xx xx	00 00 00 32
	M	4,K1	00 00 00 00	00 00 00 32
	D	4,KONC	00 00 00 02	00 00 00 02
			↑	↑
			Rest: $2_{(10)}$	Quotient: $2_{(10)}$

```
KONA   DC   F'10'
KONB   DC   H'5'
KONC   DC   F'24'
K1     DC   F'1'
```

2.7.

```
       AR   2,7
       ST   2,SUMME
       ·
       ·
SUMME  DS   F
```

2.8.

```
ANF    SR   6,6
       L    2,WERT
       L    5,WERT
A1     C    5,=F'0'
       BE   END
       AH   6,=H'4'
       CR   2,5
       BH   A2
       LR   2,5   MAX. WERT IN REG2
A2     L    5,WERT(6)
       B    A1
       
END
```

Der LR-Befehl lädt jeweils (falls erforderlich) den höchsten Wert in das dafür vorgesehene Register 2, so daß aus diesem Register nach dem Ablauf der gesamten Routine der höchste Meßwert entnommen werden kann.

3.1. Der Assembler-Übersetzer verwendet für die symbolisch angegebene 1. Operandenadresse REFE das durch USING zugewiesene Register 2 als Basisadreßregister, für die explizit definierte 2. Operandenadresse hingegen das Register 7.

2.2.

	S R	3,3
	A	3,K100
	S H	3,K80
	S	3,K5
K100	D C	F'100'
K80	D C	H'80'
K5	D C	F'5'

Register 3

```
00 00 00 00
00 00 00 64
00 00 00 14
00 00 00 0F
```

3.2. MP   D1(L1,B1),D2(L2,B2)
      MVZ   D1(L,B1),D2(B2)
      AH   R1,D2(X2,B2)

3.3. Relative Adressenwerte: a, c, f, g, h, i.
Absolute Adressenwerte: b, d, e.

3.4.

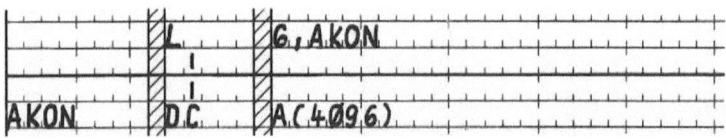

Die dezimalen Zahlenangaben in Adreßkonstanten werden vom Assembler-Übersetzer in binäre Werte umgesetzt.

3.5. Durch den L-Befehl wird 1 Wort ab der Adresse TAB, also C1 F3 9C 00, in das Register 5 geladen.

3.6. Bei der Ausführung dieser Befehle wird jedesmal das Register 9 mit dem dezimalen Wert 320 geladen, da das Register 0 ja nicht zur Adressenbildung herangezogen wird.

3.13.

Falls das erste und das letzte zu ladende Register beim LM-Befehl identisch sind, wird nur dieses Register geladen.

3.7. LA |4,0(4,4)

3.8. PACK |REFE,0(1,7)

3.9.

```
UPR        MVC    SUMME,=PL2'0'
           LA     5,8
           LA     7,FELD
PCK        C      5,=F'0'
           BE     A1
           PACK   REFE,0(1,7)
           AP     REFE,REFE
           AP     SUMME,REFE
           AH     7,=H'1'
           SH     5,=H'1'
           B      PCK
A1         .
           .
           .
EINB       DS     0CL84
SLF        DS     CL4
FELD       DS     CL9
REST       DS     CL7,1
REFE       DS     CL2
SUMME      DS     CL2
```

3.10. Die USING-Anweisung, in der auch mehrere Register angegeben werden können.

3.11.
	BALR	3,0
	USING	ANF,3,4,5,6,7
ANF	MVC	

oder |USING |*,3,4,5,6,7

3.12.

```
          L      2,KON1
          L      3,KON1+4
          L      4,KON1+8

KON1      DC     F'4'
          DC     F'5'
          DC     F'6'
```

3.14.

```
          BALR   4,0
          USING  *,4,5,6,7
A1        LM     5,7,BASADR

BASADR    DC     A(A1+4096)
          DC     A(A1+2*4096)
          DC     A(A1+3*4096)
```

oder:

```
ANF       BALR   4,0
          USING  *,4,5,6,7
          LM     5,7,BASADR

BASADR    DC     A(ANF+4098)
          DC     A(ANF+8194)
          DC     A(ANF+12290)
```

4.1. Die Aufbereitungsmaske lautet wie folgt: 5C 20 20 4B 20 20 20 6B 20 20 60. Der geforderte Punkt 4B wurde als viertes Zeichen der Maske angeordnet, da dies der Stelle nach der zweiten Ziffer des Sendefeldes entspricht. Statt des Minuszeichens könnte natürlich auch jedes andere Zeichen gesetzt werden (bei positivem Vorzeichen wird der Rest der Maske ja mit dem Füllzeichen überschrieben).

4.9. Adresse des Funktionsbytes: 30FA
  Inhalt von MAPRO + 13: C1

4.2. 1) MASK1: 40 40 40 40 40 40 40 F6
2) MASK2: 5C 5C 5C 5C 5C 5C F6
3) MASK3: 5C F1 F2 F4 F0 F0 6B F5 F0 D4 C9 D5 E4 E2
4) MASK3: 5C 5C F1 F2 F8 F4 6B F7 F1 5C 5C 5C 5C 5C
5) MASK4: X '40 20 20 20 20 6B 20 20 20'

In 3) wird der Rest des Empfangsfeldes nicht wie in 4) durch das Füllzeichen überschrieben, sondern bleibt unverändert bestehen.

4.3. Das Maskenfeld hat nach der Befehlsausführung folgendes Aussehen: 40 F3 F4 F3 6B F2 F1.

4.4.

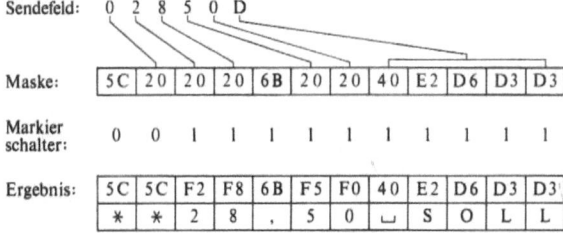

4.5.

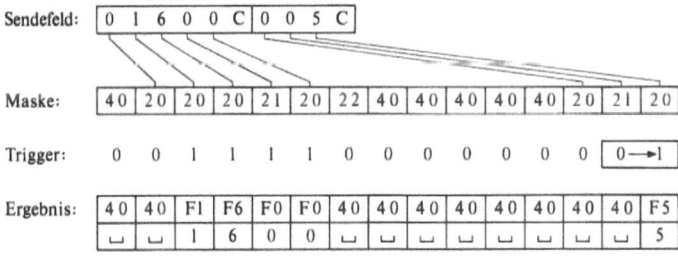

Das Steuerzeichen 21 an vorletzter Stelle der Aufbereitungsmaske ist insofern sinnvoll, als dadurch ein eventueller Rest 0 auch abgedruckt würde. Anstelle der Zeichen 40 rechts neben dem Steuerzeichen 22 könnten auch 5 Feldteiler stehen, da für jedes Steuerzeichen »Feldteiler« bekanntlich das Füllzeichen eingesetzt wird (der Trigger bleibt in der Stellung 0!).

4.10. Erforderliche Zeichen: 16, nämlich von $F0_{(16)}$ bis $C6_{(16)}$ (0,1,2,..., A,B,C,D,E,F); maximaler Umfang: 256 Zeichen.

4.7.

```
          MVC   AUSB(4),=X'40202120'
          ED    AUSB(4),SUMME
          MVC   AUSB+4(2),=C'DM'
           :
           :
SUMME     DS    CL2
AUSB      DS    CL132
```

4.8.

```
          MVC   AUSB(10),MASKE
          ED    AUSB(8),REFE
           :
           :
REFE      DS    CL3
AUSB      DS    CL132
MASKE     DC    X'40202120 6B202060C4D4'
```

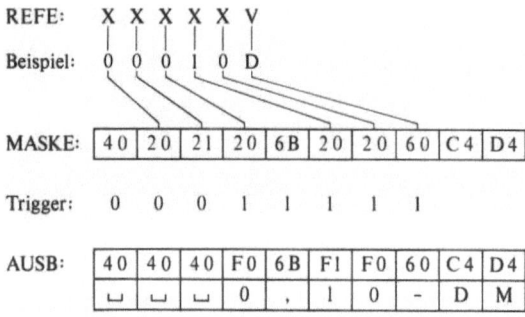

Da nicht nur negative Zahlen zu erwarten sind, kann der ED-Befehl nicht mit der Länge 10 (statt 8) codiert werden, da jedes positive Vorzeichen den Trigger in die Stellung 0 bringt, so daß die folgenden Zeichen nicht geschrieben werden.

4.6.

Sendefeld:	0	0	0	4	9	D	3	0	0	C

Maske:	40	20	20	20	21	20	60	22	20	6B	20	20	60

Trigger:	0	0	0	0	1	1	1	0	1	1	1	1	0

Ergebnis:	40	40	40	40	F4	F9	60	40	F3	6B	F0	F0	40
	␣	␣	␣	␣	4	9	–	␣	3	,	0	0	␣

Der Trigger wird durch die Ziffer 4 auf 1 gesetzt und bleibt bis zur Erkennung des Feldteilers in dieser Stellung (das Minuszeichen hat keinen Einfluß auf den Markierschalter, vgl. die Markierschaltertabelle). Später wechselt der Arbeitszustand 0 durch die Ziffer 3 des Sendefeldes wieder in den Zustand 1.

4.11.

```
            TR      ACODE,TAB
            .
            .
ACODE       DS      CL6
TAB         DC      16X'00'         FUER 0 BIS F
            DC      C'ABCDEF'       BZW X'C1C2...
```

4.12.

```
            TR      BER,CODETAB
            .
            .
BER         DS      CL130
CODETAB     DC      11X'FF'
            DC      X'F0'
            DC      X'FFF9F8FFFFFFFF'
            DC      X'F6FFF5F4F7FFF3F2FFF1'
            DC      3X'FF'
```

Lösungen zu den Übungen

1. a) FELDA: 40 C1 C2 C3 C4
   b) FELDA: 40 40 40 40 40
   c) FELDA: 40 40 40 40 40
   d) FELDA: 40 C1 C2 C3 XX

2. Richtig ist die Lösung c.

3.

```
              BAL   R3,UPR

UPR           EQU   *
              CLC   B,A
              BNL   Z1
              CLC   A,C
              BNL   Z2
              MVC   A,C         C=MAX--> A
              MVC   C,B         B=MIN--> C
              BR    R3
Z1            EQU   *
              CLC   B,C
              BNL   Z3
              MVC   HIFE,C      C=MAX--> HIFE
              MVC   C,A         MIN--> C
              MVC   A,HIFE      C=MAX--> A
              BR    R3
Z2            EQU   *
              CLC   B,C
              BNL   RSP
              MVC   C,B         B=MIN--> C
RSP           EQU   *
              BR    R3
Z3            EQU   *
              CLC   C,A
              BL    Z4
              MVC   C,A         MIN--> C
Z4            EQU   *
              MVC   A,B         MAX--> A
              BR    R3

A             DS    CL3
B             DS    CL3
C             DS    CL3
HIFE          DS    CL3
```

4. Der Befehl b; er enthält 2 Längen

5. Nur die Anweisung d) definiert eine Festpunktzahl, die auf Wortgrenze ausgerichtet ist und den dezimalen Wert 17 hat. Die Anweisung DC |AL4(17) richtet nicht auf Antwortgrenze aus, da eine Länge angegeben ist (vgl. auch Abschnitt 3.3). Das gleiche gilt für die Anweisung f.

6. Alle Anweisungen sind richtig!

7. TITLE als Name des Programms ist falsch, da TITLE zur Programmidentifikation dient, es also ermöglicht, dem Programm-Protokoll eine Überschrift zu geben.

8.

Name	Operation	Operanden und Bemerkungen
BILD	START	
ANF	BALR	R2,R0
	USING	*,R2
	SR	R4,R4
	LA	R3,DFELD
MOVE	EQU	*
	MVC	0(L'KON,R3),KON
	WRLST	DRUCK,FEHL
	AH	R3,=H'1'
	AH	R4,=H'1'
	CH	R4,=H'132'
	BNE	MOVE
FEHL	TERM	
DRUCK	DC	Y(DREND-DRUCK)
	DS	CL2
STB	DC	X'40'
DFELD	DC	CL132' '
DREND	EQU	*
KON	DC	C'K'
R0	EQU	0
R2	EQU	2
R3	EQU	3
R4	EQU	4
	END	ANF

Indem vor jedem erneuten Ausdrucken ein weiteres K in den Ausgabebereich DFELD transferiert wird, ergibt sich das angegebene Druckfeld.

9.

```
         BALR   R2,R0
         USING  A1,R2,R3,R4
A1       EQU    *
         LM     R3,R4,BASADR
         B      WEITER
BASADR   DC     A(A1+4096)
         DC     A(A1+2*4096)
WEITER
```

10.

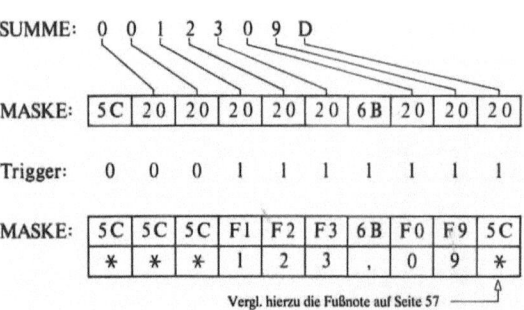

Vergl. hierzu die Fußnote auf Seite 57

11.

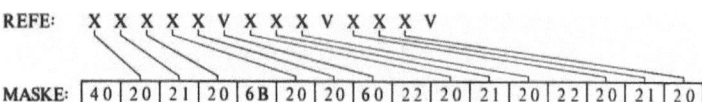

Statt des zweiten Feldteilers könnte auch ein Ziffernauswahlzeichen gesetzt werden, da im zweiten Feld laut Aufgabenstellung nur positive Zahlen auftreten.

12.

Struktogramm

ADDITION von Zahlen
Laden Basisadreßregister
Ausgabebereich löschen
Drucken Leerzeile mit Seitenvorschub
Druckersteuerzeichen für Vorschub um 1 Zeile vor dem Drucken → Steuerbyte (STB)
Lesen Satz solange nicht Dateiende
Zähler (Register 6) = 0
Summenfeld = 0
Adresse des 1. Bytes des gelesenen Satzes → Reg. 8
Solange Zahlen zu addieren sind (R6 < 16)
Packen der über Register 8 adressierten Zahl → GEPWERT
GEPWERT addieren → Summenfeld
Zähler (R6) erhöhen um den Wert 1
Adresse in Reg. 8 erhöhen um den Wert 5
Text: 'SUMME =' → Ausgabebereich
Druckmaske → Ausgabebereich
Aufbereiten des Summenfeldes
Drucken Zeile
Text: "PROGRAMMENDE" an der Datensichtstation ausgeben (Makro WROUT)

Reg. 2 = Basisadreßregister
Reg. 6 = Zähler, zum Erkennenen ob alle Zahlen je Satz verarbeitet sind
Reg. 8 = zur Adressierung aller Zahlen innerhalb der eingelesenen Sätze.

```
Name     | Operation | Operanden und Bemerkungen
ADDITION | START     |
         | PRINT     | NOGEN
         | TITLE     | 'ADDITION VON GANZEN, POSITIVEN DEZIMALZAHLEN'
* /SYSFILE SYSOTA=ZAHLEIN
*
*  *** REGISTER GLEICHSETZEN
*  ***
R0       | EQU       | 0
R2       | EQU       | 2
R6       | EQU       | 6
R8       | EQU       | 8
* DISTANZ UND LAENGE FUER PACK-BEFEHL GLEICHSETZEN
*
DIST     | EQU       | 0
LAENGE   | EQU       | 4     DIE ZAHLEN SIND ALLE 4 BYTES GROSS
```

```
Siemens-Datenverarbeitung
Assembler

| Name      | Operation | Operanden und Bemerkungen |
|-----------|-----------|---------------------------|
| ********* | ********* | *********                 |
| *         | HAUPTPROGRAMM |                       |
| ********* | ********* | *********                 |
| ANF       | BALR      | R2,R0                     |
|           | USING     | *,R2                      |
| *         |           |                           |
| **        | AUSGABEBEREICH LOESCHEN |             |
| *         |           |                           |
|           | MVI       | AUS6,C' '                 |
|           | MVC       | AUS6+1(L'AUS6-1),AUS6     |
| *         |           |                           |
|           | MVI       | STB,C'A'         SEITENVORSCHUB C'A' = X'CA' |
|           | WRLST     | DRUCK,FEHLER     DRUCKEN LEERZEILE |
| *         |           |                           |
|           | MVI       | STB,X'4A'        1.ZEILE VOR DEM DRUCKEN UND |
| *         |           |                  1.ZEILE NACH DEM DR. (STANDARD) |
| LESEN     | EQU       | *                ANFANG DER SCHLEIFE |
|           | RDATA     | EINSATZ,ENDE     BEI DATEIENDE, SPRUNG -> ENDE |
|           | SR        | R6,R6            ZAEHLER = 0 |
|           | SP        | SUMME,SUMME      SUMME = 0 |
| *         |           |                           |
| **        | ADRESSIERUNG DES EINGELESENEN SATZES |  |
| *         |           |                           |
|           | LA        | R8,EINS          ADR. DES 1. DATENBYTES -> R8 |
```

103   A17

Siemens-Datenverarbeitung
Assembler

Name	Operation	Operanden und Bemerkungen
RECHNEN	EQU	* SCHLEIFENANFANG RECHNEN
	CH	R6,ENDWERT ALLE ZAHLEN ADDIERT?
	BNL	AUSGABE WENN JA, SPRUNG -> AUSGABE
	PACK	GEPWERT,DIST(LAENGE,R8) WENN NEIN, ZAHL PACKEN
	AP	SUMME,GEPWERT GEPWERT ADDIEREN -> SUMME
	AH	R8,=H'4' ZAEHLER UM 1 ERHOEHEN
	AH	R8,=H'5' ADRESSE IN R8 UM 5 ERHOEHEN
	B	RECHNEN SCHLEIFENENDE RECHNEN
AUSGABE	EQU	* SCHLEIFENANFANG AUSGABE
	MVC	TEXT,SUMTEXT TEXT:'SUMME =' -> AUSGABEBEREICH
	MVC	DRUCK.SUM,MASKE DRUCKMASKE -> AUSGABEBEREICH
	ED	DRUCK.SUM,SUMME AUFBEREITEN DES SUMMENFELDES
	WRLST	DRUCK,FEHLER DRUCKEN ZEILE
	B	LESEN ENDE DER SCHLEIFE LESEN (RUECKSPRUNG)
*		
, DATEI ENDEROUTINE, ANSPRUNG DURCH 2. OPERAND IN ROATA		
ENDE	EQU	*
	MVC	TEXT,ENDETEXT TEXT:'PROGRAMMENDE' -> AUSGABEBEREICH
	WROUT	DRUCK,FEHLER AUSGEBEN -> DATENSICHTSTATION
*		
, NORMALES PROGRAMMENDE UND FEHLERAUSGANG VON WRLST/WROUT		
FEHLER	TERM	

```
***
**** DEFINITIONEN
***
EINSATZ2  DS    0CL84                EINGABEBEREICH
SLT       DS    CL2                  SATZLAENGENFELD - LAENGE
          DS    CL2                  - RESERVIERT
EIN@      DS    CL80                 DATENSATZ
*                                    AUSGABEBEREICH
DRUCK     DC    Y(DRUCKEND-DRUCK)    SATZLÄNGE
          DS    CL2                  RESERVIERT
STB       DC    C' '                 DRUCKERSTEUERBYTE
AUSG      DS    0CL45                AUSZUGEBENDE ZEILE
TEXT      DS    CL7                  TEXTFELD
DRUCKSUM  DS    CL8                  FELD FUER AUFBEREITETE SUMME
DRUCKEND  EQU   *
*
**** KONSTANTEN UND RECHENFELDER
ENDETEXT  DC    CLAS'PROGRAMMENDE'   TEXT ZUR AUSGABE -> DATENSICHTST.
SUMTEXT   DC    C'SUMME ='           TEXT FUER ZEILENANFANG
*
SUMME     DC    PL4'0'               SUMMENFELD
GEPACKT   DS    CL3                  FELD FUER DLG. GEPACKTE ZAHLEN
EINSWERT  DC    H'16'                EINSWERT FUER DIE SCHLEIFE RECHNEN
MASKE     DC    X'402120202020202020'   MASKE ZUR DRUCKAUFBEREITUNG
          END
```

6. Anhang

Dieser Teil des Buches dient als Nachschlagewerk. Hierin ist eine Zusammenfassung der in den drei Bänden verwendeten Befehlen, Assembleranweisungen und Makroaufrufe gegeben. Weitergehende Informationen über die Assemblersprache können den Druckschriften und Beschreibungen der verschiedenen Hersteller von Datenverarbeitungsanlagen entnommen werden.

6.1. Die Assemblersprache

Die Assemblersprache ist eine maschinenorientierte, symbolische Programmiersprache.

Beispiel: MVC | ZAHL1,ZAHL2
         B | A1
         END |

Ein im Assembler beschriebenes (Quell-)Programm besteht aus Befehlen, Assembleranweisungen, Makroaufrufen und gegebenenfalls Kommentaren.

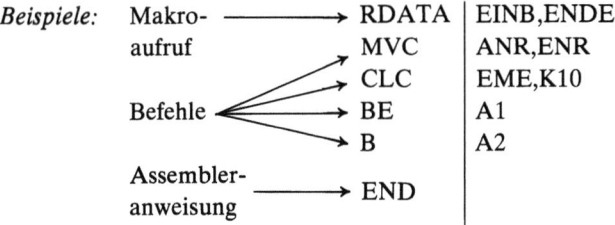

Befehle: Jedem Befehl in der Assemblersprache wird genau ein Befehl in der Maschinensprache zugeordnet, d.h. beim Übersetzen wird für jeden Befehl eines Quellprogramms ein entsprechender Befehl in Maschinensprache erzeugt (vgl. auch Abschnitt 6.2).

Befehle in der Assemblersprache		Zugehörige Maschinenbefehle[16]
MVC	AUSB(L'FELD1),EINB	D2 03 2400 2200
B	ANF	47 F0 2058

Assembleranweisungen (Instruktionen): Sie steuern den Übersetzungsvorgang (vgl. auch Abschnitt 6.3).

Beispiel einer Anweisung: START

Makroaufrufe: Für bestimmte Standardroutinen (z.B. Ein-/Ausgaberoutinen) sind in einem Betriebssystem Programmteile vorhanden, die in der Assemblersprache vorliegen. Durch einen Makroaufruf werden diese

---

16 Die Adressen der Operanden sowie die Längenangabe im MVC-Befehl sind frei gewählt.

Routinen beim Übersetzen eines Assemblerprogramms von einer Makrobibliothek abgerufen und in das Quellprogramm eingefügt (vgl. auch Abschnitt 6.4).

Kommentare werden nicht übersetzt, sondern nur im Listing protokolliert. Das Programm, welches das symbolische Assembler-Quellprogramm in ein Maschinenprogramm übersetzt, heißt ebenfalls Assembler[17]. Das codierte Assemblerprogramm wird zunächst auf einen Datenträger übertragen, wobei der Inhalt einer Zeile des Codierblattes einem Satz entspricht. Das Quellprogramm wird im Rechner durch den Assembler-Übersetzer in die Maschinensprache umgewandelt. Dieses so erzeugte Maschinenprogramm heißt Modul (Objektmodul).

Beim Übersetzen erzeugt der Übersetzer ein Programm-Listing, das sowohl das Quellprogramm als auch das Maschinenprogramm enthält. In diesem sogenannten Übersetzungsprotokoll sind außerdem die Auflistung der verwendeten symbolischen Adressen sowie Angaben über eventuelle formale Fehler im Quellprogramm enthalten.

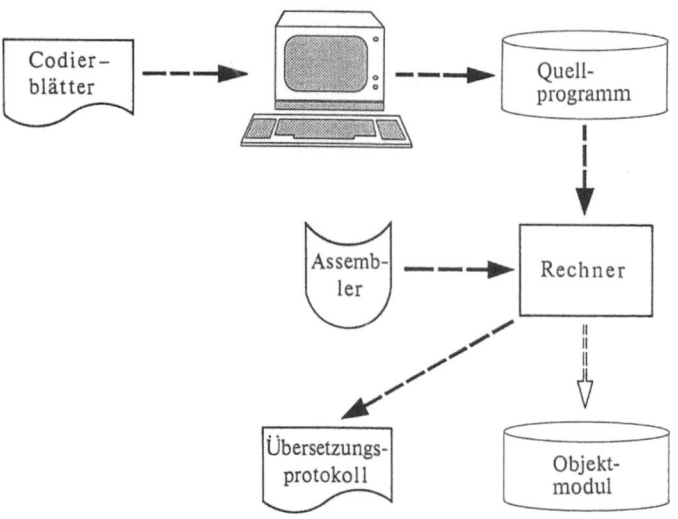

Die Eingabe des Quellprogramms kann über Lochkarte, Magnetband, Magnetplatte oder Datensichtstation erfolgen. Der Assembler kann auf Band oder Platte vorliegen, und ein Modul kann auf Karte, Magnetband oder Magnetplatte ausgegeben werden.

---

17 Die Übersetzer für problemorientierte Sprachen, wie z.B. COBOL, ALGOL, FORTRAN werden Compiler genannt.

6.2. Befehle

Ein Maschinenprogramm besteht aus Befehlen (Maschineninstruktionen), deren Länge 2, 4 oder 6 Bytes betragen kann.
Es sind fünf verschiedene Befehlstypen zu unterscheiden, deren Format Aussagen über die Operanden zuläßt.

RR– (Register-Register) Beide Operanden befinden sich in Registern.

RS – (Register-Speicher) Der erste Operand befindet sich in einem Register, der zweite im Speicher, der dritte in einem Register

RX – (Register-indizierte Speicheradresse) Ein Operand befindet sich in einem Register, der andere im Speicher. Die Speicheradresse kann indiziert sein.

SI – (Speicher-Direktoperand) Der erste Operand befindet sich im Speicher. Der zweite direkt im Befehl.

SS – (Speicher-Speicher) Beide Operanden befinden sich im Speicher.

In der Assemblersprache können alle Befehle symbolisch geschrieben werden. Die Assemblerschreibweise ist jeweils vom Format der Maschineninstruktion abhängig. Die Befehlsformate sind auf der folgenden Seite ersichtlich.

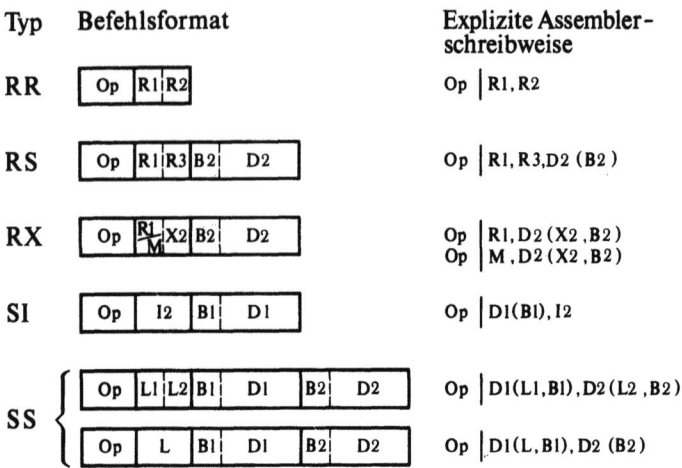

Op Operationscode
L Länge des Feldes in Bytes (1–256)
L1 Länge des ersten Operanden (1–16)
L2 Länge des zweiten Operanden (1–16)
D1 Distanzadresse des ersten Operanden (0–4095)
D2 Distanzadresse des zweiten Operanden (0–4095)
B1 Basisadreßregisternummer (MZR) für den ersten Operanden (0–15)
B2 Basisadreßregisternummer (MZR) für den zweiten Operanden (0–15)
R1 Mehrzweckregister (0–15)
R2 Mehrzweckregister (0–15)
R3 Mehrzweckregister (0–15)
I2 Direktoperand (0–255)
X2 Indexregisternummer (0–15)
M 4-Bits-Maske

Die Klammerinhalte geben die Grenzen der zugelassenen Werte an. Die Angaben werden in der Assemblerschreibweise üblicherweise dezimal angegeben, während sie in Maschinenbefehlen sedezimal verschlüsselt sind. Die Längenangaben (L,L1,L2) werden in Maschinenbefehlen um eins reduziert verschlüsselt.

6.2.1. Dezimalbefehle

6.2.1.1. Die Befehle PACK und UNPK

(Die Datenformate gepackter und entpackter Zahlen sind in Abschnitt 6.7, Seite A79 ersichtlich).

Pack, PACK

Befehlsformat: | Op | L1 | L2 | B1 | D1 | B2 | D2 |

Befehlstyp: SS
Operationscode: $F2_{(16)}$

Der durch B2/D2 angegebene Operand wird aus dem entpackten in das gepackte Format überführt. Das Ergebnis wird in dem durch B1/D1 adressierten Feld gespeichert.
Das Vorzeichen wird aus dem *Zonenteil* des niedrigstwertigen Bytes des 2. Operandenfeldes gewonnen und in den *Zifferteil* des niedrigstwertigen Bytes des 1. Operandenfeldes eingesetzt. Die 4 Bits langen Zifferteile eines jeden Bytes werden im Anschluß an das Vorzeichen gespeichert.
Die Operanden dürfen eine Länge bis zu 16 Bytes haben.
Ist das Ergebnisfeld zu lang, so werden führende Nullen eingeschoben; wenn das Ergebnisfeld zu kurz ist, werden die höchststelligen Ziffern des 2. Operanden nicht übertragen.
Die Operanden können sich überlappen.
Die Verarbeitung erfolgt byteweise von rechts nach links.

Assemblerschreibweisen: PACK | Adresse 1, Adresse 2
                         PACK | D1(L1,B1),D2(L2,B2)

Beispiel:

```
        PACK  FELD1,FELD2

FELD1   DS    CL3              FELD1: 01 00 0F nach PACK
FELD2   DC    C'1000'          FELD2: F1 F0 F0 F0
```

Unpack, UNPK

Befehlsformat: | Op | L1 | L2 | B1 | D1 | B2 | D2 |

Befehlstyp: SS
Operationscode: $F3_{(16)}$

Der durch B2/D2 angegebene Operand wird aus dem gepackten in das entpackte Format überführt. Das Ergebnis wird in dem durch B1/D1 adressierten Feld gespeichert.
Jede der 4 Bits langen Ziffern des gepackten 2. Operandenfeldes wird jeweils in das niederwertige Halbbyte eines Bytes im 1. Operandenfeld gespeichert. In alle Bytes, mit Ausnahme des niedrigstwertigen, wird die Zone eingefügt. Der Zonenteil im EBCDI-Code lautet $F_{(16)}$.
Der Zonenteil des niedrigstwertigen Bytes des 1. Operanden nimmt das Vorzeichen des gepackten Operanden auf.
Die Operanden können eine Länge bis zu 16 Bytes haben.
Ist das 1. Operandenfeld zu kurz, so werden die überschüssigen höherwertigen Ziffern des 2. Operandenfeldes nicht berücksichtigt. Ist das 1. Operandenfeld zu lang, so wird das Ergebnis mit führenden *entpackten* Nullen aufgefüllt.
Die Verarbeitung erfolgt byteweise von rechts nach links.

Assemblerschreibweisen: UNPK | Adresse1,Adresse2
UNPK | D1(L1,B1),D2(L2,B2)

Beispiel:

```
         UNPK  FELD1,FELD2

FELD1    DS    CL4
FELD2    DC    P'25'
```

FELD1: F0 F0 F2 C5 nach UNPK
FELD2: 02 5C

6.2.1.2. Add Decimal Packed, AP

Befehlsformat: | Op | L1 | L2 | B1 | D1 | B2 | D2 |

Befehlstyp: SS
Operationscode: FA$_{(16)}$

Der durch B2/D2 angegebene Operand wird zu dem durch B1/D1 adressierten Operanden addiert. Das Ergebnis steht in dem durch die erste Adresse angegebenen Feld.
Das Vorzeichen wird nach den algebraischen Regeln gebildet.
Die Operanden müssen gepackt sein und dürfen eine Länge bis zu 16 Bytes haben. Die Addition erfolgt von rechts nach links.
Die Operanden können sich überlappen, wenn ihre niedrigstwertigen Stellen identisch sind.
Die Anzeige wird entsprechend dem Betrag und dem Vorzeichen der Summe gesetzt:

Anzeige: 0 Die Summe ist gleich 0.
        1 Die Summe ist kleiner 0.
        2 Die Summe ist größer 0.
        3 Überlauf, d.h. das Ergebnisfeld
           ist für die Summe zu klein.

Assemblerschreibweisen: AP | Adresse1,Adresse2
                               AP | D1(L1,B1),D2(L2,B2)

Beispiele:

			FELD 1	FELD2
FELD1	DC	P'100'	1 0 0C	
FELD2	DC	P'1'		1C
	AP	FELD1,FELD2	1 0 1C	1C
	AP	FELD1,FELD1	2 0 2C	

6.2.1.3. Subtract Decimal Packed, SP

Befehlsformat: | Op | L1 | L2 | B1 | D1 | B2 | D2 |

Befehlstyp: SS
Operationscode: $FB_{(16)}$

Der durch B2/D2 angegebene Operand wird von dem durch B1/D1 adressierten Operanden subtrahiert. Das Ergebnis steht in dem durch die erste Adresse angegebenen Feld.
Das Vorzeichen wird nach den algebraischen Regeln gebildet.
Die Operanden müssen gepackt sein und dürfen eine Länge bis zu 16 Bytes haben. Die Subtraktion erfolgt von rechts nach links.
Die Operanden können sich überlappen, wenn ihre niedrigstwertigen Stellen identisch sind.
Die Anzeige wird entsprechend dem Betrag und dem Vorzeichen der Differenz gesetzt.

Anzeige: 0 Die Differenz ist gleich 0.
1 Die Differenz ist kleiner 0.
2 Die Differenz ist größer 0.
3 Überlauf, d.h. das Ergebnisfeld
ist für die Differenz zu klein.

Assemblerschreibweisen: SP | Adresse1,Adresse2
SP | D1(L1,B1),D2(L2,B2)

Beispiele:

```
FELD1   DC   P'10'
FELD2   DC   P'5'
FELD3   DC   P'20'

        SP   FELD1,FELD2
        SP   FELD1,FELD3
```

	FELD1	FELD2	FELD3
	01 0C		
		5C	
			02 0C
	00 5C	5C	
	01 5D		02 0C

6.2.1.4. Multiply Decimal Packed, MP

Befehlsformat: | Op | L1 | L2 | B1 | D1 | B2 | D2 |

Befehlstyp: SS
Operationscode: FC$_{(16)}$

Der Multiplikand (B1/D1) wird mit dem Multiplikator (B2/D2) multipliziert. Das Produkt steht rechtsbündig in dem durch B1/D1 angegebenen Feld.
Das Vorzeichen wird nach den algebraischen Regeln bestimmt.
Die Operanden müssen gepackt sein. Der 2. Operand muß kürzer sein als der 1. Operand und darf nicht länger als 8 Bytes sein. Der 1. Operand kann eine Länge bis zu 16 Bytes haben.
Die Anzahl der Bytes des 1. Operanden, die nur führende Nullen enthalten, muß mindestens gleich der Anzahl der Bytes des 2. Operanden sein.
Die Operanden können sich überlappen, wenn ihre niedrigstwertigen Stellen identisch sind.

Assemblerschreibweisen: MP Adresse1,Adresse2
                       MP D1(L1,B1),D2(L2,B2)

Beispiel:

```
FELD1    DC    PL2'5'
FELD2    DC    P'4'

         MP    FELD1,FELD2
```

	FELD 1	FELD 2
	00 5C	4C
	02 0C	4C

6.2.1.5. Divide Decimal Packed, DP

Befehlsformat: | Op | L1 | L2 | B1 | D1 | B2 | D2 |

Befehlstyp: SS
Operationscode: FD$_{(16)}$

Der Dividend (B1/D1) wird durch den Divisor (B2/D2) dividiert. Das Ergebnis (Quotient und Rest) steht in dem durch B1/D1 angegebenen Feld. Dabei wird der Quotient links und der Rest, der dieselbe Länge wie der Divisor hat, rechts gespeichert.
Das Vorzeichen des Quotienten wird nach den algebraischen Regeln bestimmt. Das Vorzeichen des Restes entspricht dem Vorzeichen des Dividenden.
Die Operanden müssen gepackt sein. Der 2. Operand muß kürzer sein als der 1. Operand und darf nicht länger als 8 Bytes sein. Der 1. Operand kann eine Länge bis zu 16 Bytes haben.
Der 1. Operand muß wenigstens 1 Byte mit führenden Nullen aufweisen. Die Operanden können sich überlappen, wenn ihre niedrigstwertigen Stellen identisch sind.

Assemblerschreibweisen: DP | Adresse1,Adresse2
DP | D1(L1,B1),D2(L2,B2)

Beispiel:

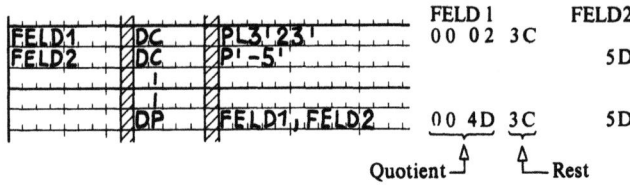

6.2.2. Festpunktbefehle

6.2.2.1. Konvertierungsbefehle, CVB, CVD

(Die Datenformate von Festpunktzahlen sind in Abschnitt 6.7, Seite A79 ersichtlich).

Convert To Binary, CVB

Befehlsformat: | Op | R1 | X2 | B2 | D2 |

Befehlstyp: RX
Operationscode: $4F_{(16)}$

Der durch X2/B2/D2 adressierte Doppelwortoperand wird aus der gepackten Dezimalform in die Binärform umgewandelt und rechtsbündig in das durch R1 angegebene Mehrzweckregister geladen.

Assemblerschreibweisen: CVB | Register,Adresse
                                  CVB | R1,D2(X2,B2)

Beispiel:
DOWO1: 00 00 00 00 00 00 03 6C
CVB |3,DOWO1   Register 3: 00 00 00 24

Convert To Decimal, CVD

Befehlsformat: | Op | R1 | X2 | B2 | D2 |

Befehlstyp: RX
Operationscode: $4E_{(16)}$

Der in R1 stehende Operand wird aus der Binärform in die gepackte Dezimalform umgewandelt und in das durch X2/B2/D2 angegebene Doppelwort im Arbeitsspeicher geladen.

Assemblerschreibweisen: CVD | Register,Adresse
                                  CVD | R1,D2(X2,B2)

Beispiel:
Register 2: 00 00 00 FF
CVD |2,DOWO2   DOWO2: 00 00 00 00 00 00 25 5C

6.2.2.2. Additionsbefehle, A, AH, AR

Add Word, A

Befehlsformat: | Op | R1 | X2 | B2 | D2 |

Befehlstyp: RX
Operationscode: $5A_{(16)}$

Add Halfword, AH

Befehlsformat: | Op | R1 | X2 | B2 | D2 |

Befehlstyp: RX
Operationscode: $4A_{(16)}$

Add Word Register, AR

Befehlsformat: | Op | R1 | R2 |

Befehlstyp: RR
Operationscode: $1A_{(16)}$

Der durch die zweite Adresse (X2/B2/D2 oder R2) angegebene Operand wird zu dem im Mehrzweckregister R1 stehenden Operanden addiert.
Bei »Add Word« muß der 2. Operand im Arbeitsspeicher an einer Wortgrenze, bei »Add Halfword« an einer Halbwortgrenze liegen.
Bei der Befehlsausführung von AH wird das durch die zweite Adresse angegebene Halbwort auf die Länge eines ganzen Wortes erweitert, indem die 16 höherwertigen Stellen mit dem Wert der Vorzeichenstelle des Halbwortes aufgefüllt werden.
Die Anzeige wird entsprechend dem Betrag und dem Vorzeichen der in R1 stehenden Summe wie folgt gesetzt:

Anzeige: 0 Das Ergebnis ist gleich 0.
          1 Das Ergebnis ist kleiner als 0.
          2 Das Ergebnis ist größer als 0.
          3 Überlauf, d.h. das Register R1 ist für das Ergebnis zu klein.

Assemblerschreibweisen: A | Register,Adresse
                         A | R1,D2(X2,B2)
                         AH | Register,Adresse
                         AH | R1,D2(X2,B2)
                         AR | R1,R2

Beispiele:

```
        SR   5,5
        A    5,FKON
        AH   5,HKON
        AR   5,5


FKON    DC   F'10'
HKON    DC   H'20'
```

Reg.5: 00 00 00 00
        00 00 00 0A
        00 00 00 1E
        00 00 00 3C

FKON: 00 00 00 0A
HKON: 00 14

6.2.2.3. Subtraktionsbefehle, S, SH, SR

Subtract Word, S

Befehlsformat: | Op | R1 | X2 | B2 | D2 |

Befehlstyp: RX
Operationscode: $5B_{(16)}$

Subtract Halfword, SH

Befehlsformat: | Op | R1 | X2 | B2 | D2 |

Befehlstyp: RX
Operationscode: $4B_{(16)}$

Subtract Word Register, SR

Befehlsformat: | Op | R1 | R2 |

Befehlstyp: RR
Operationscode: $1B_{(16)}$

Der durch die zweite Adresse (X2/B2/D2 oder R2) angegebene Operand wird von dem im Mehrzweckregister R1 stehenden Operanden subtrahiert.
Bei »Subtract Word« muß der 2. Operand im Arbeitsspeicher an einer Wortgrenze, bei »Subtract Halfword« an einer Halbwortgrenze stehen.
Bei der Befehlsausführung von SH wird das durch die zweite Adresse angegebene Halbwort auf die Länge eines ganzen Wortes erweitert, indem die 16 höherwertigen Stellen mit dem Wert der Vorzeichenstelle des Halbwortes aufgefüllt werden.

Die Anzeige wird entsprechend dem Betrag und dem Vorzeichen des in R1 stehenden Ergebnisses wie folgt gesetzt:

Anzeige: 0 Das Ergebnis ist gleich 0.
           1 Das Ergebnis ist kleiner als 0.
           2 Das Ergebnis ist größer als 0.
           3 Überlauf, d.h. das Ergebnis R1 ist für das Ergebnis zu klein.

Assemblerschreibweisen: S | Register,Adresse
                         S | R1,D2(X2,B2)
                         SH | Register,Adresse
                         SH | R1,D2(X2,B2)
                         SR | R1,R2

Beispiele:

```
         L    3,FKON1        Reg. 3:   00 00 00 0A
         S    3,FKON2                  00 00 00 04
         SH   3,HKON                   00 00 00 01
         SR   3,3                      00 00 00 00

FKON1    DC   F'10'          FKON1:    00 00 00 0A
FKON2    DC   F'6'           FKON2:    00 00 00 06
HKON     DC   H'3'           HKON :    00 03
```

6.2.2.4. Multiplikationsbefehle, M, MH, MR

Multiply Word, M

Befehlsformat: | Op | R1 | X2 | B2 | D2 |

Befehlstyp: RX
Operationscode: $5C_{(16)}$

Multiply Halfword, MH

Befehlsformat: | Op | R1 | X2 | B2 | D2 |

Befehlstyp: RX
Operationscode: $4C_{(16)}$

Multiply Word Register, MR

Befehlsformat: | Op | R1 | R2 |

Befehlstyp: RR
Operationscode: $1C_{(16)}$

Der durch die erste Adresse (R1) angegebene Operand (Multiplikand) wird mit dem durch die zweite Adresse (X2/B2/D2 oder R2) angegebenen Operanden (Multiplikator) multipliziert.

Das Produkt wird bei MH in Register R1 gespeichert, welches gerad- oder ungeradzahlig sein kann. Bei M und MR nimmt dagegen ein Registerpaar das Ergebnis auf. Das erste Register R1 dieses Registerpaares muß eine geradzahlige Nummer (z. B. 2, 4, 6...) haben. Dabei wird der Multiplikand (1. Operand) aus dem ungeradzahligen Register des Registerpaares entnommen. Das Vorzeichen des Produkts wird arithmetisch bestimmt.

Bei M muß der 2. Operand im Arbeitsspeicher an einer Wortgrenze, bei MH an einer Halbwortgrenze liegen.

Bei der Befehlsausführung von »Multiply Halfword« wird das durch die zweite Adresse angegebene Halbwort auf die Länge eines ganzen Wortes erweitert, indem die 16 höherwertigen Stellen mit dem Wert der Vorzeichenstelle des Halbwortes aufgefüllt werden.

Assemblerschreibweisen: M | Register,Adresse
                         M | R1,D2(X2,B2)
                         MH | Register,Adresse
                         MH | R1,D2(X2,B2)
                         MR | R1,R2

Beispiele:

		Register 4	Register 5
L	5,FKON1	xx xx xx xx	00 00 00 08
M	4,FKON2	00 00 00 00	00 00 00 50
MH	5,HKON	00 00 00 00	00 00 00 A0
MR	4,5	00 00 00 00	00 00 64 00
MR	4,4	00 00 00 00	00 00 00 00

FKON1	D.C.	F'8'	FKON 1: 00 00 00 08
FKON2	D.C.	F'10'	FKON 2: 00 00 00 0A
HKON	D.C.	H'2'	HKON : 00 02

6.2.2.5. Divisionsbefehle, D, DR

Divide Word, D

Befehlsformat: | Op | R1 | X2 | B2 | D2 |

Befehlstyp: RX
Operationscode: $5D_{(16)}$

Divide Word Register, DR

Befehlsformat: | Op | R1 | R2 |

Befehlstyp: RR
Operationscode: $1D_{(16)}$

Der durch die erste Adresse (R1) angegebene Doppelwortoperand (Dividend) wird durch den durch die zweite Adresse (X2/B2/D2 oder R2) angegebenen Wortoperanden (Divisor) dividiert. Rest und Quotient ersetzen den Dividenden in einem Registerpaar, dessen erstes Register R1 immer eine geradzahlige Nummer (2, 4, 6...) haben muß.
Der Rest wird in dem geradzahligen Register gespeichert und hat dasselbe Vorzeichen wie der Quotient. Der Quotient wird in dem ungeradzahligen Register gespeichert, das Vorzeichen wird algebraisch bestimmt.
Bei »Divide Wort« muß der 2. Operand im Arbeitsspeicher an einer Wortgrenze stehen.

Assemblerschreibweisen: D   Register,Adresse
                         D   R1,D2(X2,B2)
                         DR R1,R2

Beispiele:

			Register 2	Register 3	Register 5
L	3,FKON1		xx xx xx xx 00 00 00 00	00 00 00 50 00 00 00 50	xx xx xx xx xx xx xx xx
M	2,=F'1'				00 00 00 10
L	5,FKON2				
D	2,FKON3		00 00 00 00 00 00 00 08	00 00 00 28 00 00 00 02	
DR	2,5				

FKON1	DC	F'80'	FKON 1:	00 00 00 50
FKON2	DC	F'16'	FKON 2:	00 00 00 10
FKON3	DC	F'2'	FKON 3:	00 00 00 02

6.2.2.6. Vergleichsbefehle, C, CH, CR

Compare Word, C

Befehlsformat: | Op | R1 | X2 | B2 | D2 |

Befehlstyp: RX
Operationscode: $59_{(16)}$

Compare Halfword, CH

Befehlsformat: | Op | R1 | X2 | B2 | D2 |

Befehlstyp: RX
Operationscode: $49_{(16)}$

Compare Word Register, CR

Befehlsformat: | Op | R1 | R2 |

Befehlstyp: RR
Operationscode: $19_{(16)}$

Der durch die erste Adresse (R1) angegebene Operand wird mit dem durch die zweite Adresse (X2/B2/D2 oder R2) angegebenen Operanden arithmetisch verglichen.
Bei »Compare Word« muß der 2. Operand im Arbeitsspeicher an einer Wortgrenze, bei »Compare Halfword« an einer Halbwortgrenze stehen. Bei der Befehlsausführung von CH wird das durch die zweite Adresse angegebene Halbwort auf die Länge eines ganzen Wortes erweitert, indem die 16 höherwertigen Stellen mit dem Vorzeichen des Halbwortes aufgefüllt werden.

Die Anzeige wird entsprechend dem Ergebnis des Vergleichs wie folgt gesetzt:

Anzeige: 0 Die Operanden sind gleich.
          1 Der erste Operand ist kleiner als der zweite.
          2 Der erste Operand ist größer als der zweite.
          3 Nicht verwendet

Assemblerschreibweisen:

	C	Register,Adresse
	C	R1,D2(X2,B2)
	CH	Register,Adresse
	CH	R1,D2(X2,B2)
	CR	R1,R2

Beispiele:

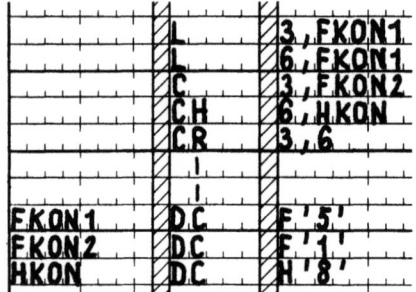

1. Op. > 2. Op. ⟶ Anz. 2
1. Op. < 2. Op. ⟶ Anz. 1
1. Op. = 2. Op. ⟶ Anz. 0

6.2.2.7. Ladebefehle, L, LH, LR, LM, LA

Load Word, L

Befehlsformat: | Op | R1 | X2 | B2 | D2 |

Befehlstyp: RX
Operationscode: $58_{(16)}$

Load Halfword, LH

Befehlsformat: | Op | R1 | X2 | B2 | D2 |

Befehlstyp: RX
Operationscode: $48_{(16)}$

Load Word Register, LR

Befehlsformat: | Op | R1 | R2 |

Befehlstyp: RR
Operationscode: $18_{(16)}$

Das Register R1 wird mit dem durch X2/B2/D2 oder R2 angegebenen Operanden geladen.
Bei »Load Word« muß der 2. Operand im Arbeitsspeicher an einer Wortgrenze, bei »Load Halfword« an einer Halbwortgrenze stehen.
Bei der Befehlsausführung von LH wird das durch die zweite Adresse angegebene Halbwort auf die Länge eines ganzen Wortes erweitert, indem die 16 höherwertigen Stellen mit dem Wert der Vorzeichenstelle des Halbwortes aufgefüllt werden.

Assemblerschreibweisen:
	L	Register,Adresse
	L	R1,D2(X2,B2)
	LH	Register,Adresse
	LH	R1,D2(X2,B2)
	LR	R1,R2

Beispiele:

```
          L    9,FKON      Reg.9:  00 00 00 50
          LH   7,HKON      Reg.7:  00 00 00 0A
          LR   9,7         Reg.9:  00 00 00 0A

FKON      DC   F'80'       FKON:   00 00 00 50
HKON      DC   H'10'       HKON:   00 0A
```

Load Multiple, LM

Befehlsformat: | Op | R1 | R3 | B2 | D2 |

Befehlstyp: RS
Operationscode: $98_{(16)}$

Eine Folge von Registern (von R1 bis R3) wird mit hintereinanderfolgenden Wortoperanden aus dem Arbeitsspeicher geladen.
Wird durch R1 und R3 dasselbe Register angegeben, so wird nur ein Wort geladen.
Ist R3 kleiner als R1, so geht die Adressierung von Register 15 auf Register 0 über, so daß alle Register von R1 bis R3 geladen werden.

Assemblerschreibweisen: LM   Register,Register,Adresse
                         LM   R1,R3,D2(B2)

Beispiele:

```
          LM   3,4,OP1     Reg. 3:  00 00 00 20
                           Reg. 4:  00 00 00 01
          LM   5,5,OP3     Reg. 5:  C1 C2 C3 C4

          LM   14,1,OP1    Reg.14:  00 00 00 20
                           Reg.15:  00 00 00 01
                           Reg. 0:  C1 C2 C3 C4
                           Reg. 1:  00 00 00 05

          DS   0F
OP1       DC   X'00000020'   OP 1:  00 00 00 20
OP2       DC   BL4'1'        OP 2:  00 00 00 01
OP3       DC   C'ABCD'       OP 3:  C1 C2 C3 C4
OP4       DC   A(5)          OP 4:  00 00 00 05
```

Load Address, LA

Befehlsformat: | Op | R1 | X2 | B2 | D2 |

Befehlstyp: RX
Operationscode: $41_{(16)}$

Die durch X2/B2/D2 gebildete Adresse wird in die 24 niederwertigen Stellen des angegebenen Registers R1 geladen. Die 8 höherwertigen Stellen des Registers werden auf Null gesetzt.
Die zu ladende Adresse ermittelt sich aus dem Inhalt der X2- und B2-Register und dem durch D2 angegebenen Distanzwert.

Assemblerschreibweisen: LA | Register,Adresse
                        LA | R1,D2(X2,B2)

Beispiele:

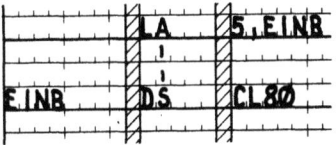 ≙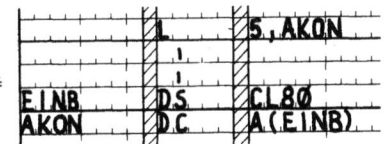

6.2.2.8. Store-Befehle, ST, STH

Store Word, ST

Befehlsformat: | Op | R1 | X2 | B2 | D2 |

Befehlstyp: RX
Operationscode: $50_{(16)}$

Store Halfword, STH

Befehlsformat: | Op | R1 | X2 | B2 | D2 |

Befehlstyp: RX
Operationscode: $40_{(16)}$

Der in Register R1 stehende Operand wird von der durch X2/B2/D2 angegebenen Arbeitsspeicherstelle an gespeichert.
Bei »Store Word« wird dabei der gesamte Inhalt des Mehrzweckregisters R1 im Arbeitsspeicher gespeichert, wobei der 2. Operand an einer Wortgrenze liegen muß. Bei »Store Halfword« werden nur die 16 niederwertigen Stellen des ersten Operanden aus Register R1 in das durch X2/B2/D2 angegebene Halbwort im Arbeitsspeicher gespeichert.

Assemblerschreibweisen: | ST | Register,Adresse
| ST | R1,D2(X2,B2)
| STH | Register,Adresse
| STH | R1,D2(X2,B2)

Beispiele:

Register 8: 00 02 04 0A

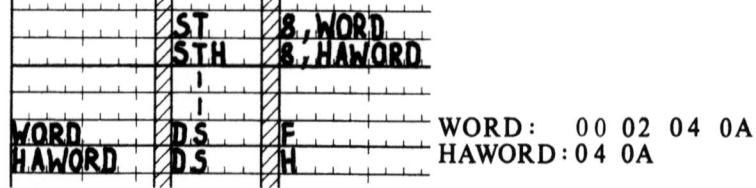

A44   130

6.2.3. Sprungbefehle

6.2.3.1. BC, BCR

Branch on Condition, BC

Befehlsformat: | Op | M | X2 | B2 | D2 |

Befehlstyp: RX
Operationscode: $47_{(16)}$

Branch on Condition Register, BCR

Befehlsformat: | Op | M | R2 |

Befehlstyp: RR
Operationscode: $07_{(16)}$

Entspricht die Anzeige den durch die Maske M auf 1 gesetzten Bits, so wird das Programm bei der durch X2/B2/D2 angegebenen Adresse oder bei der im Register R2 stehenden Adresse fortgesetzt. Andernfalls wird beim nächsten Befehl fortgefahren.
Die Stellen der 4 Bits langen Maske entsprechen von links nach rechts den Anzeigen wie folgt:

```
           Maske           Anzeige
       2⁷  2⁶  2⁵  2⁴
       X                     0
           X                 1
               X             2
                   X         3
       8   4   2   1   ← Wertigkeit
```

Sind alle Bits der Maske 1, so wird ein unbedingter Sprung ausgeführt. Sind alle Stellen der Maske 0, oder ist das R2-Feld gleich 0, so wird nicht verzweigt (Nulloperation).

Assemblerschreibweisen: | BC | Maske,Sprungadresse
| BC | Maske,D2(X2,B2)
| BCR | Maske,Register

Beispiele:

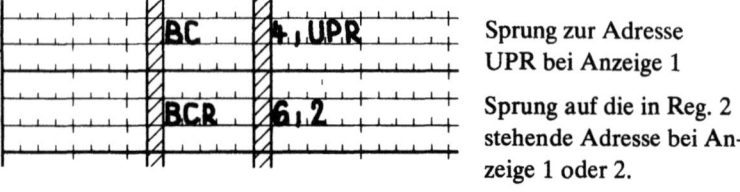

Sprung zur Adresse UPR bei Anzeige 1

Sprung auf die in Reg. 2 stehende Adresse bei Anzeige 1 oder 2.

Ist die Maske in einem BC- bzw. BCR-Befehl 15, so kann jeweils ein Pseudosprungbefehl verwendet werden.

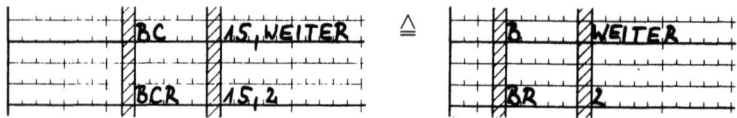

6.2.3.2. Pseudosprungbefehle

Pseudosprungbefehle vereinfachen die symbolische Programmierung in Assembler. Die Instruktion »Springen bedingt« wird mit ihrer Maske zu einem erweiterten Operationsschlüssel zusammengefaßt. Dadurch wird das Programm übersichtlicher, die Schreibarbeit verringert und die Anwendung vereinfacht. Nachfolgende Tabelle zeigt, welche Masken die symbolischen Instruktionen enthalten.

Pseudosprungbefehle (ADR ≙ Sprungadresse)   **Entsprechende BC-Befehle**

Operation	Operanden		Operation	Operanden
B	ADR	Unbedingter Sprung	BC	15, ADR
BR	8		BCR	15, 8
NOP	ADR	Nulloperation	BC	0, ADR
NOPR	8		BCR	0, 8

Folgende Befehle werden nach Vergleichsoperationen angewandt:

Operation	Operanden		Operation	Operanden
BH	ADR	Sprung, falls größer	BC	2, ADR
BL	ADR	Sprung, falls kleiner	BC	4, ADR
BE	ADR	Sprung, falls gleich	BC	8, ADR
BNH	ADR	Sprung, falls nicht größer	BC	13, ADR
BNL	ADR	Sprung, falls nicht kleiner	BC	11, ADR
BNE	ADR	Sprung, falls nicht gleich	BC	7, ADR

Folgende Befehle werden nach arithmetischen Operationen angewandt:

Operation	Operanden		Operation	Operanden
BO	ADR	Sprung, falls Überlauf	BC	1, ADR
BP	ADR	Sprung, falls positiv	BC	2, ADR
BM	ADR	Sprung, falls negativ	BC	4, ADR
BZ	ADR	Sprung, falls Null	BC	8, ADR

Bei den Pseudosprungbefehlen BNH, BNL, BNE ist die Anzeige 3 einbezogen, die bei Vergleichsbefehlen *nie* vorkommt.

6.2.3.3. Die Befehle BAL und BALR

Branch And Link, BAL

Befehlsformat: | Op | R1 | X2 | B2 | D2 |

Befehlstyp: RX
Operationscode: $45_{(16)}$

Branch And Link Register, BALR

Befehlsformat: | Op | R1 | R2 |

Befehlstyp: RR
Operationscode: $05_{(16)}$

Die 4 Bytes große Folgeadresse aus dem Befehlszähler wird in das durch R1 bezeichnete Register geladen; außerdem verzweigt das Programm auf den Befehl, dessen Adresse im Register R2 steht oder auf den durch X2/B2/D2 angegebenen Befehl.
Wird unter R2 das Register 0 angegeben, so wird nur der Befehlszählerinhalt in R1 gespeichert, jedoch kein Sprung ausgeführt.

Assemblerschreibweisen: BAL | R1,Adresse
                                 BAL | R1,D2(X2,B2)
                                 BALR | R1,R2

Beispiele:

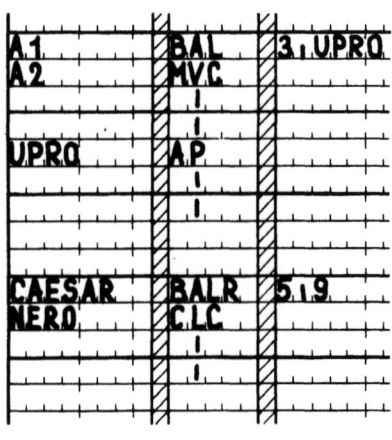

Es erfolgt ein Sprung zur Adresse UPRO. Außerdem wird in Register 3 durch BAL die Folgeadresse A2 für einen eventuellen Rücksprung sichergestellt.

Es erfolgt ein Sprung zu dem Befehl, dessen Adresse in Register 9 angegeben ist. In Register 5 wird die Folgeadresse NERO für einen Rücksprung sichergestellt.

6.2.4. Logische Befehle

6.2.4.1. Übertragungsbefehle, MVC, MVI, MVZ

Move Characters, MVC

Befehlsformat: | Op | L | B1 | D1 | B2 | D2 |

Befehlstyp: SS
Operationscode: $D2_{(16)}$

Der Inhalt des durch die zweite Adresse (B2/D2) angegebenen Sendefeldes wird in das durch die erste Adresse (B1/D1) angegebene Empfangsfeld übertragen.
Die Verarbeitung erfolgt byteweise von links nach rechts. Die Überlappung von Feldern ist zulässig.
Die Längenangabe bezieht sich stets auf die Empfangsadresse und enthält im Maschinenbefehl die Anzahl zu übertragender Bytes minus 1 in sedezimaler Form.

Assemblerschreibweisen: MVC | Adresse1,Adresse2
MVC | D1(L,B1),D2(B2)

Move Immediate, MVI

Befehlsformat: | Op | I2 | B1 | D1 |

Befehlstyp: SI
Operationscode: $92_{(16)}$

Der Direktoperand (1 Byte) aus dem I2-Feld wird in die durch B1/D1 angegebene Arbeitsspeicherstelle übertragen.

Assemblerschreibweisen: MVI | Adresse,Direktoperand
MVI | D1(B1),I2

Move Zones, MVZ

Befehlsformat: | Op | L | B1 | D1 | B2 | D2 |

Befehlstyp: SS
Operationscode: $D3_{(16)}$

Die höherwertigen vier Stellen eines jeden Bytes des Sendefeldes (B2/D2) werden in die höherwertigen vier Stellen der entsprechenden Bytes des Empfangsfeldes (B1/D1) übertragen.
Die Verarbeitung erfolgt von links nach rechts. Die Felder dürfen sich überlappen.
Die Längenangabe bezieht sich auf die Empfangsadresse und enthält im Maschinenbefehl die Anzahl zu übertragender Halbbytes minus 1 in sedezimaler Form.

Assemblerschreibweisen: MVZ | Adresse1,Adresse2
 MVZ | D1(L,B1),D2(B2)

Beispiele:

```
         MVI   FELD,C' '                          Der Bereich FELD
         MVC   FELD+1(L'FELD-1),FELD              wird mit Blanks
                                                  gelöscht.
         MVZ   BER1(L'BER2),BER2

FELD     DS    CL10                               BER1: B1 B2 C3
BER1     DC    X'C1C2C3'                          nach der Befehls-
BER2     DC    X'B7B8'                            ausführung
```

A50

6.2.4.2. Vergleichsbefehle, CLC, CLI

Compare Logical Characters, CLC

Befehlsformat: | Op | L | B1 | D1 | B2 | D2 |

Befehlstyp: SS
Operationscode: $D5_{(16)}$

Die Zeichen des 1. Operanden (B1/D1) werden von links nach rechts logisch (bitweise) mit den Zeichen des 2. Operanden (B2/D2) verglichen.

Die Längenangabe bezieht sich auf die Adresse des 1. Operanden und enthält im Maschinenbefehl die Anzahl zu übertragender Bytes minus 1 in sedezimaler Form.

Entsprechend dem Ergebnis des Vergleichs wird eine Anzeige gesetzt.

Anzeige: 0 1. Operand = 2. Operand
1 1. Operand < 2. Operand
2 1. Operand > 2. Operand
3 Nicht verwendet

Assemblerschreibweisen: CLC | Adresse1,Adresse2
CLC | D1(L,B1),D2(B2)

Compare Logical Immediate, CLI

Befehlsformat: | Op | I2 | B1 | D1 |

Befehlstyp: SI
Operationscode: $95_{(16)}$

Der Direktoperand I2 (1 Byte) wird mit dem durch B1/D1 adressierten Byte verglichen.
Entsprechend dem Ergebnis des Vergleichs wird eine Anzeige gesetzt.

Anzeige: 0 1. Operand = 2. Operand (Direktoperand)
1 1. Operand < 2. Operand
2 1. Operand > 2. Operand
3 Nicht verwendet

Assemblerschreibweisen: CLI | Adresse,Direktoperand
                         CLI | D1(B1),I2

Beispiele:

		Ergebnis	Anzeige
CLC	HUND,KATZE	1.OP<2.OP	1
CLC	HUND(3),KATZE	1.OP=2.OP	0
CLC	HUND+4(1),KATZE+2	1.OP>2.OP	2
CLI	HUND,C'A'	1.OP>2.OP	2
CLI	HUND+2,X'F3'	1.OP=2.OP	0
HUND	DC	C'12345'	
KATZE	DC	C'123567'	

6.2.4.3. Der Befehl Edit, ED

Befehlsformat: | Op | L | B1 | D1 | B2 | D2 |

Befehlstyp: SS
Operationscode: $DE_{(16)}$

Die durch die zweite Adresse (B2/D2) angegebene gepackte Dezimalzahl wird entpackt und anhand der Zeichen einer Aufbereitungsmaske aufbereitet. Nach der Befehlsausführung ersetzt das Ergebnis die durch B1/D1 adressierte Aufbereitungsmaske.
Mit dem Befehl Edit können Vorzeichen berücksichtigt, führende Nullen unterdrückt oder durch ein Füllzeichen ersetzt, negative Beträge markiert und Satzzeichen eingefügt werden. Außerdem lassen sich mehrere aufeinanderfolgende Datenfelder mit einem einzigen Befehl aufbereiten. Die Aufbereitung ist von den Maskenzeichen im Empfangsfeld (Maskenfeld, Aufbereitungsmaske) abhängig.

Maskenzeichen (Steuerzeichen)

Zeichenart	Sedezimale Verschlüsselung	Funktion
Füllzeichen	Beliebig (z. B. 40)	Ersetzt führende Nullen.
Geltender Ziffernbegriff	21	Ermöglicht das Ausdrucken führender Nullen und führt außerdem die Funktion des Steuerzeichens 20 aus.
Ziffernauswahlzeichen	20	Einsetzen der Zeichen aus dem Sendefeld (oder eines Füllzeichens, wenn vorher ein Minuszeichen im Sendefeld festgestellt wurde).
Feldteiler	22	Gibt an, daß die Aufbereitung eines neues Feldes beginnen soll (es wird mit dem Füllzeichen überschrieben).
Einzufügendes Zeichen ($\neq$ 20, 21, 22)	Beliebig (z.B. 6B)	Wird im Ergebnisfeld eingefügt.

Zu jeder Dezimalziffer im Sendefeld gehört ein Maskenzeichen $20_{(16)}$ oder $21_{(16)}$ im Empfangsfeld.

Das 1. Zeichen im Maskenfeld wird als Füllzeichen benutzt. Es kann ein beliebiges abdruckbares Zeichen verwendet werden (z. B. $5C_{(16)}$). Es bleibt unverändert im Ergebnis stehen, außer wenn es sich dabei um ein Steuerzeichen $20_{(16)}$ oder $21_{(16)}$ handelt. In diesen Fällen wird die erste Ziffer aus dem Sendefeld geprüft und, wenn sie von Null verschieden ist, in das Empfangsfeld eingeschrieben.

Einzufügende Zeichen im Maskenfeld sind abdruckbare Zeichen (z. B. Punkt oder Komma).

Die Verarbeitungsrichtung bei der Befehlsausführung erfolgt von links nach rechts. Es können mehrere aufeinanderfolgende Datenfelder mit einem einzigen Befehl aufbereitet werden (Steuerzeichen Feldteiler).

Die Längenangabe bezieht sich auf die Empfangsadresse und enthält im Maschinenbefehl die Anzahl der Bytes der Aufbereitungsmaske minus 1 in sedezimaler Form.

Das Ersetzen oder Bestehenbleiben von Maskenzeichen kann durch den sogenannten Markierschalter (Trigger) übersichtlich dargestellt werden.

Markierschalter:

I. *Der Markierschalter wird auf 1 gesetzt,* wenn
  a) im Sendefeld eine Ziffer ungleich 0 erkannt wird, oder
  b) (nachdem) im Maskenfeld das Steuerzeichen 21 gefunden wurde.
	Auswirkung bei 1:
	
	Die Ziffern des Sendefeldes werden entpackt und überschreiben die Steuerzeichen der Maske; außerdem bleibt jedes einzufügende Zeichen der Maske unverändert bestehen.

II. *Der Markierschalter wird auf 0 gesetzt:*
  a) Zu Beginn eines ED-Befehls;
  b) wenn das Steuerzeichen 22 (Feldteiler) erkannt wird;
  c) wenn in den niedrigstwertigen vier Stellen eines Bytes des Sendefeldes ein positives Vorzeichen gefunden wurde.
	Auswirkung bei 0:
	
	Jedes Steuerzeichen (einschließlich $21_{(16)}$) und jedes einzufügende Zeichen im Maskenfeld wird mit dem Füllzeichen überschrieben.

Anzeigen 0 Das Sendefeld hat den Wert 0.
1 Das Ergebnis ist ungleich 0, und im Sendefeld wurde ein negatives Vorzeichen oder kein Vorzeichen festgestellt.
2 Das Ergebnis ist ungleich 0, und im Sendefeld wurde ein positives Vorzeichen festgestellt.
3 Wird von ED nicht verwendet.

Assemblerschreibweisen: ED | Adresse1,Adresse2
ED | D1(L,B1),D2(B2)

Beispiele:

MASKE1: 4 0 2 0 2 1 2 0 6B 2 0 2 0 6 0

ZAHL1: 0 0 0 6 0 C

ED |MASKE1,ZAHL1 ⟶ ␣ ␣ ␣ 0,60 ␣

MASKE2: 5C 2 0 2 0 4B 2 0 2 1 2 0 6B 2 0 2 0 6 0

ZAHL2: 0 5 2 3 2 9 4 D

ED |MASKE2,ZAHL2 ⟶ * * 5.232,94 −

6.2.4.4. Der Translate-Befehle, TR

Befehlsformat:

| Op | L | B1 | D1 | B2 | D2 |

Befehlstyp: SS
Operationscode: $DC_{(16)}$

Der durch die erste Adresse (B1/D1) angegebene Operand wird byteweise gemäß der durch die zweite Adresse (B2/D2) angegebenen Code-Tabelle umgesetzt. Der zweite Operand bestimmt den Anfang der Code-Tabelle. Das Ergebnis ersetzt die Bytes in dem durch die erste Adresse angegebenen Feld.

Die Bytes im ersten Operanden werden als Argumentbytes bezeichnet und beim Umsetzen von links nach rechts verarbeitet. Jedes Argumentbyte wird binär zur Adresse des zweiten Operanden addiert. Durch diese Summe wird die Adresse eines Bytes innerhalb der Code-Tabelle angegeben. Das so gefundene Byte (Funktionsbyte) wird im ersten Operand an die Stelle des ursprünglichen Argumentbytes gesetzt.

Die Längenangabe bezieht sich auf die Empfangsadresse und enthält im Maschinenbefehl die Anzahl der zu verarbeitenden Argumentbytes minus 1 in sedezimaler Form.

Assemblerschreibweisen: TR | Adresse1,Adresse2
                          TR | D1(L,B1),D2(B2)

Beispiel:

EINB: 01 03 00 ...

CODE: C5 F4 C9 B2 0F 47 ...

TR | EINB(3), CODE ⟶ EINB: F4 B2 C5
                              ↑   ↑   ↑
                         CODE+1
                              CODE+3
                                  CODE+0

A56

6.3. Assembleranweisungen

Assembleranweisungen dienen zur Steuerung des Übersetzungsvorgangs. Mit einigen Anweisungen können auch Konstanten erzeugt oder Speicherbereiche reserviert werden.

6.3.1. Programmanfang, START

Die Assembleranweisung START bestimmt den Anfang einer Übersetzung und ordnet dem Programm einen Namen zu. Als Operand kann ein Anfangswert für den Adreßpegel zugewiesen werden. Fehlt der Operand, so wird Null angenommen.

Name	Operation	Operanden
Symbolischer Name	START	Ein Direktwert oder leer

Die START-Instruktion ist die erste Anweisung in einem Assemblerprogramm. Der symbolische Name wird zum Programmnamen. Wird im Operandenfeld ein Anfangswert des Adreßpegels (selbst definierender Wert) angegeben, so muß dieser durch 8 teilbar sein.

Beispiel:

Name	Operation	Operanden und Bemerkungen
PROGA	START	

6.3.2. Programmidentifikation, TITLE

Die Assembleranweisung TITLE ermöglicht die Kennzeichnung des Assemblerprotokolls.

Name	Operation	Operanden
	TITLE	'Zeichenfolge in Hoch-kommata eingeschlossen'

Der Operandenteil enthält die Überschrift, die im Übersetzungsprotokoll geschrieben werden soll. Die Überschrift (maximal 97 Zeichen) muß beiderseits mit Hochkommata angegeben werden.

Beispiel:

Name	Operation	Operanden und Bemerkungen
PROGA	START	
	TITLE	'LOHNABRECHNUNG'

Auf jede Protokollseite wird die Überschrift LOHNABRECHNUNG gedruckt.

6.3.3. Steuerung der Protokollierung, PRINT

Die Assembleranweisung PRINT steuert das Druckbild des Übersetzungsprotokolls.

Name	Operation	Operanden
	PRINT	Operandeneinträge

Operandeneinträge:
NOGEN: Die durch Makroaufrufe erzeugten Befehle und Konstanten werden nicht ausgedruckt. Die Makroaufrufe selbst werden jedoch protokolliert. Fehlt die Angabe NOGEN, werden alle zu einem Makroaufruf gehörigen Angaben ausgedruckt.
DATA: Konstanten werden im Protokoll vollständig ausgedruckt. Fehlt dieser Parameter, so werden nur die ersten 8 Bytes von Konstanten protokolliert.
OFF: Beim Assemblieren wird kein Protokoll ausgegeben.
DOUBLE: Das Übersetzungsprotokoll wird mit übersichtlichem, doppelten Zeilenabstand ausgegeben.

6.3.4. Die USING-Anweisung

USING gibt dem Übersetzer die Mehrzweckregister an, die als Basisadreßregister verwendet werden sollen (vgl. hierzu die Assemblerbeschreibungen der einzelnen Dv-Hersteller, welche der Mehrzweckregister 1–15 für die uneingeschränkte Benützung als Basisadreßregister zugelassen sind), sowie den Basisadreßwert, den der Assembler-Übersetzer zur Distanzadressenbildung benötigt.

Name	Operation	Operanden
	USING	adr, regnr 1, regnr 2, ...

Der Operandenteil der USING-Anweisung enthält den Adreßwert adr, den der Assembler-Übersetzer zur Distanzadressenbildung benötigt sowie die Nummern der Basisadreßregister, die zugeordnet werden sollen. Die Werte, die während eines Programmlaufes in den Registern regnr1, regnr2,... vorliegen werden, sind – erhöht um den Ladewert des Programms – adr, adr + 4096, adr + 8192, adr + 12288,...

Mit der USING-Anweisung werden die angegebenen Register jedoch nicht geladen. Dies muß eigens in jedem Programm vorgesehen sein.

Beispiel:

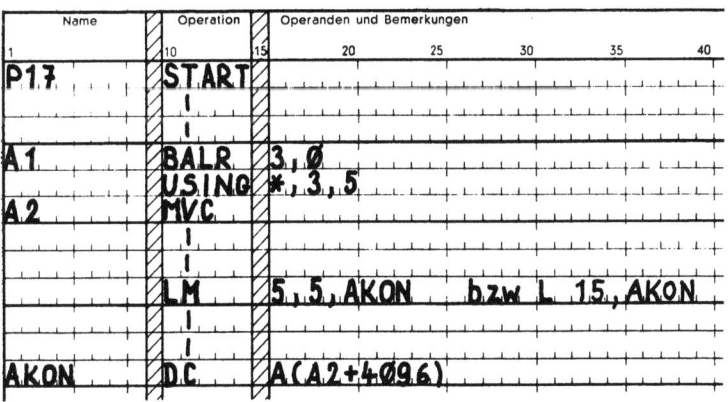

Die obige USING-Anweisung definiert die Adresse A2 als Adreßwert und die Basisadreßregister 3 und 5. Die Befehle BALR und LM laden beim Programmablauf die Register 3 und 5 mit der jeweiligen Basisadresse. Register 3 wird mit dem Adreßpegelwert von A2, Register 5 wird mit dem Adreßpegelwert von A2+4096, jeweils erhöht um den Ladewert des Programms, geladen.

6.3.5. Define Storage, DS

Mit DS-Anweisungen können Arbeitsspeicherbereiche reserviert werden. Dem ersten Byte eines Bereichs (Feldes) kann durch DS eine symbolische Adresse zugeordnet werden.

Name	Operation	Operanden
Symb. Name oder leer	DS	Ein einzelner Operand im Format **d f L n**

Der Eintrag im Operandenfeld beschreibt die Anzahl, die Feldart und, wenn erforderlich, die Feldlänge der zu reservierenden Datenfelder.

Es bedeuten:

d: Wiederholungsfaktor, der die Anzahl zu reservierender Felder angibt. Ohne diesen Faktor wird das Feld nur einmal reserviert.

f: Feldart, die die Art des zu reservierenden Feldes beschreibt. Folgende Buchstaben stehen zur Verschlüsselung der Feldart zur Verfügung.

Schlüssel	Feldart	Implizite Feldlänge in Bytes
C	Zeichen(Byte)	1
H	Halbwort	2
F	Wort	4
D	Doppelwort	8

Ln: Die Feldlänge n wird nur bei der Feldart C angegeben, wenn die Feldlänge größer als 1 Byte ist.

Beispiele:

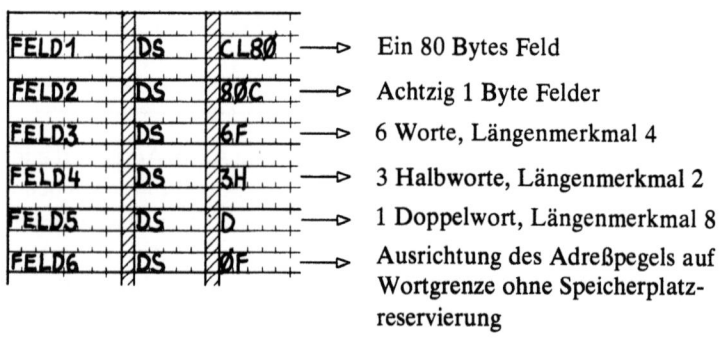

FELD1	DS	CL80	→ Ein 80 Bytes Feld
FELD2	DS	80C	→ Achtzig 1 Byte Felder
FELD3	DS	6F	→ 6 Worte, Längenmerkmal 4
FELD4	DS	3H	→ 3 Halbworte, Längenmerkmal 2
FELD5	DS	D	→ 1 Doppelwort, Längenmerkmal 8
FELD6	DS	0F	→ Ausrichtung des Adreßpegels auf Wortgrenze ohne Speicherplatzreservierung

A60

Bei FELD3 erfolgt eine Ausrichtung des Adreßpegels auf Wortgrenze, bei Feld4 auf Halbwortgrenze und bei FELD5 auf Doppelwortgrenze.

Eine DS-Anweisung mit dem Wiederholungsfaktor d=0 ist zulässig (siehe FELD6). In diesem Fall erfolgt eine Ausrichtung des Adreßpegels; außerdem kann dem Feld ein Name zugeordnet werden, es wird jedoch kein Speicherbereich reserviert. Diese Art der Definition mit dem Wiederholungsfaktor 0 wird vorwiegend bei Feldunterteilungen verwendet. Sie wird auch – Redefinition – genannt. Eine weitere Möglichkeit der Redefinition bietet die ORG-Anweisung.

Wird bei H, F oder D eine Länge angegeben, unterbleibt die Ausrichtung des Adreßpegels.

6.3.6. Define Constant, DC

Mit DC-Anweisungen können konstante Daten definiert werden. Die Daten können abdruckbare Zeichen, Binärzahlen, Sedezimalzahlen oder Dezimalzahlen sein.
Dem ersten Byte eines Datenbereichs kann durch DC eine symbolische Adresse zugeordnet werden.

Name	Operation	Operanden
Symb. Name oder leer	DC	Ein einzelner Operand im Format **d t Ln** 'Konstante'

Der Eintrag im Operandenfeld beschreibt die Anzahl zu reservierender Datenfelder, den Konstantentyp und wenn erforderlich, ihre explizite Länge und den Inhalt des zu reservierenden Konstantenbereichs.

Es bedeuten:

d: Wiederholungsfaktor, der angibt, wie oft die gleiche Konstante hintereinander gespeichert werden soll. Ohne diesen Faktor wird die Konstante nur einmal erzeugt.

t: Hierdurch wird der Konstantentyp angegeben. Folgende Schlüssel werden in diesem Band verwendet:

Schlüssel	Typ
C	Zeichenkonstante
B	Binärkonstante
X	Sedezimalkonstante
P	Dezimalzahl (gepackt)
H	Festpunktkonstante Halbwort
F	Festpunktkonstante Wort
A	Adreßkonstante (1–4 Bytes)
Y	Adreßkonstante (1–2 Bytes)

Ln: n gibt die implizite Feldlänge in Bytes an. Fehlt die Feldlänge, so wird die Länge der Konstante als implizite Länge angenommen. Die maximale Feldlänge Für C-, B- und X-Konstanten beträgt 256 Bytes, für P-Konstanten 16 Bytes, für H-Konstanten 2 Bytes und für F- oder A-Konstanten 4 Bytes.

'Konstante': Die Konstante selbst steht zwischen Hochkommata, Ausnahme: Eine Adreßkonstante ist in Klammern eingeschlossen.

A62

Beispiele:

```
CKON1    DC    C'ENDE'      ⟶ CKON1: C5 D5 C4 C5
CKON2    DC    2C'A7'       ⟶ CKON2: C1 F7 C1 F7
CKON3    DC    2CL3'A7'     ⟶ CKON3: C1 F7 40 C1 F7 40
```

Mit C-Konstanten können abdruckbare Zeichen dargestellt werden. Ist ein Längenfaktor angegeben, der eine größere oder kleinere Länge in Bytes definiert als die Konstante tatsächlich belegt, so wird sie *rechts* mit Zwischenräumen aufgefüllt, oder die letzten Zeichen der Konstante werden vernachlässigt.

```
BKON1    DC    B'11100011'       ⟶ BKON1: E3
BKON2    DC    BL1.'0011000000'  ⟶ BKON2: C0
```

Binärkonstanten werden zur Darstellung von beliebigen Binärmustern verwendet. Es werden die Binärziffern 0 und 1 benutzt. Wird durch einen Längenfaktor eine größere oder kleinere Länge definiert als die Konstante benötigt, so wird die Konstante links mit führenden Nullen aufgefüllt, oder die am weitesten links stehenden Ziffern gehen verloren.

```
XKON1    DC    X'4067A9'    ⟶ XKON1: 40 67 A9
XKON2    DC    2XL2'AF'     ⟶ XKON2: 00 AF 00 AF
XKON3    DC    XL1.'0124'   ⟶ XKON3: 24
```

X-Konstanten werden dann verwendet, wenn *nicht abdruckbare* Zeichen dargestellt werden sollen. Zur Darstellung werden die sedezimalen Ziffern 0–F verwendet. Jeweils zwei Ziffern werden zu einem Byte zusammengefaßt.

Wird durch einen Längenfaktor eine größere oder kleinere Länge definiert als die Konstante benötigt, so wird die Konstante links mit führenden Nullen aufgefüllt, oder die am weitesten links stehenden Ziffern gehen verloren.

```
PKON1    DC    P'15'        ⟶ PKON1: 01 5C
PKON2    DC    P'+2.6'      ⟶ PKON2: 02 6C
PKON3    DC    PL2'-3'      ⟶ PKON3: 00 3D
```

P-Konstanten werden als Dezimalzahl mit oder ohne Vorzeichen angegeben (bei positiven Zahlen kann das Vorzeichen weggelassen werden). Ein Dezimalpunkt wird bei der Übersetzung nicht berücksichtigt.

Jeweils zwei Dezimalziffern werden in 1 Byte umgesetzt. In das letzte Byte der Konstante werden die letzte Ziffer und das Vorzeichen gespeichert.

Wird durch einen Längenfaktor eine größere oder kleinere Länge definiert als die Konstante benötigt, so wird sie links mit führenden Nullen aufgefüllt, oder die am weitesten links stehenden Ziffern gehen verloren.

```
FKON      DC    F'4'       ->   00 00 00 04
HKON      DC    H'+12'     ->   00 0C
HKON      DC    H'-12'     ->   FF F4
```

Eine Festpunktkonstante wird als Dezimalzahl mit oder ohne Vorzeichen angegeben. Die angegebene Dezimalzahl wird in eine Binärzahl mit Vorzeichen umgewandelt und rechtsbündig in einem Wort (F) oder Halbwort (H) gespeichert.

Das Vorzeichen wird im höchstwertigen Bit verschlüsselt. Eine positive Zahl hat eine binäre Null als Vorzeichen, eine negative Zahl wird als Zweierkomplement mit einem auf 1 gesetzten Vorzeichenbit dargestellt. Die implizite Länge einer H-Konstanten beträgt 2 Bytes, die einer F-Konstanten 4 Bytes. Bei Angabe eines Längenfaktors wird die Anfangsadresse nicht auf Halbwort- bzw. Wortgrenze ausgerichtet.

```
AKON1     DC    A(ENDE)    ->   Adresse von ENDE
AKON2     DC    A(13)      ->   Binärwert von 13
AKON3     DC    A(*+50)    ->   Adreßpegel +50
```

Eine A-Konstante ist eine in eine Konstante umgesetzte Speicheradresse. Eine A-Konstante belegt im Speicher ein Wort und hat die implizite Länge 4. (Bei Angabe eines Längenfaktors wird die Anfangsadresse der Konstante nicht auf Wortgrenze ausgerichtet).

Eine A-Konstante wird nicht in Hochkommata sondern in Klammern angegeben. Die in Klammern stehenden Ausdrücke können relative (z. B. ANF + 10) oder absolute (z. B. 216) Ausdrücke sein (vgl. auch den folgenden Abschnitt 6.3.7).

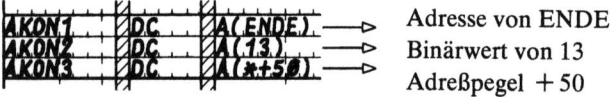

```
YKON1     DC    Y(ENDE-ANF)  -> Adresse von ENDE minus ANF
YKON2     DC    Y(*+20)      -> Adreßpegel plus 20
YKON3     DC    Y(240)       -> Binärwert von 240
```

Eine Y-Konstante ist eine Adreßkonstante wie die A-Konstante. Allerdings auf Halbwortbasis mit 1–2 Bytes Länge.

6.3.7. Elementare und zusammengesetzte Ausdrücke

Ein in der Assemblersprache geschriebener Operand besteht entweder aus einem Elementarausdruck oder aus einem zusammengesetzten Ausdruck.

Ein Elementarausdruck ist ein symbolischer Name, eine Sternadresse, ein Literal, ein Längenmerkmal (z. B. L'FELD) oder ein selbstdefinierender Wert (direkte Wertangabe, z. B. 216). Ein zusammengesetzter Ausdruck wird aus Elementarausdrücken (ausgenommen sind Literale) mit Hilfe der Operationszeichen +, −, * (Multiplikation), / (Division) gebildet.

Beispiele für Elementarausdrücke:

FELD	– Symbolischer Name
216	– Selbstdefinierender Wert
=X'2D'	– Literal
L'FELD	– Längenmerkmal
*	– Sternadresse

Beispiele für zusammengesetzte Ausdrücke:

A*A+2
FELD+17
L'FELD−2
*+8

Jedem Elementarausdruck wird bei der Übersetzung vom Assembler ein Wert zugewiesen, oder der Wert ist in dem Ausdruck direkt enthalten (selbstdefinierender Wert).
Zusammengesetzte Ausdrücke werden von links nach rechts berechnet; dabei wird jedem Elementarausdruck sein Wert zugeordnet.
Multiplikation und Division werden vor Addition und Subtraktion ausgeführt.
Ausdrücke können auch in absolute und relative Ausdrücke eingeteilt werden. Ein absoluter Ausdruck stellt nach der Übersetzung einen unveränderlichen Wert dar. Ein relativer Ausdruck stellt einen noch veränderbaren Wert dar, d. h. er wird um n erhöht oder vermindert, wenn das Programm, in welchem er auftritt, von seinem ursprünglichen Arbeitsspeicherbereich um n Bytes verschoben wird.

Beispiele für absolute Ausdrücke: *Beispiele für relative Ausdrücke:*

216	FELD −3
A−B	A −A+B
2*4096	A−B+*
*−A	A+2*4096

Anmerkung: Die arithmetische Zusammensetzung von Elementarausdrücken wie A−B oder * −A ergeben absolute Werte, jedoch ergeben sich für A − A + B oder für A − B + * relative Werte.

6.3.8. Literale

Mit Literalen können Daten, z.B. Zahlenwerte, Adressen oder abdruckbare Zeichen definiert werden. Literale können in Befehlen nur als 2. Operanden angegeben werden.
Ein Literal beginnt mit einem Gleichheitszeichen. Im übrigen gelten für die Schreibweise von Literalen die gleichen Regeln wie für die Operanden in DC-Anweisungen.

Beispiele:

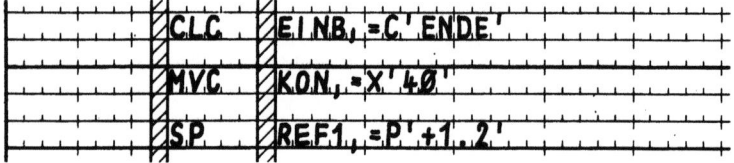

Der Assembler-Übersetzer speichert den Wert eines Literals im sogenannten Literalbereich (meist am Ende des Programmraumes) und ersetzt im Befehl das Literal durch die zugeordnete Adresse.

6.3.9. Die ORG-Anweisung

Die ORG-Anweisung wird benutzt, um den augenblicklichen Wert des Adreßpegels zu verändern.

Name	Operation	Operanden
	ORG	Ein relativer Ausdruck oder leer

Der Adreßpegel wird auf den Wert gesetzt, der im Operandenfeld angegeben ist. Er kann nur relativ zur Startadresse des Programms gesetzt werden.

Ist im Operandenfeld kein Operand angegeben, so wird der Adreßpegel um 1 Byte höher gesetzt als die höchste von dem Programm bisher belegte Speicherstelle.

ORG kann beliebig oft in einem Programm verwendet werden.

Beispiel:

```
DRUCK       DC     Y(DRUCKENO-DRUCK)
            DS     CL2
STB         DS     C
SATZ        DS     CL80
S1          DS     CL5
S2          DS     CL50
S3          DS     CL25
DRUCKENO    EQU    *
            ORG    SATZ
F1          DS     CL30
F2          DS     CL30
F3          DS     CL30
            .
            .
```

Auf Teile von SATZ kann sowohl mit S1, S2, S3 als auch mit F1, F2 und F3 zugegriffen werden

6.3.10. Die END-Anweisung

Mit der Assembleranweisung END wird die Übersetzung eines Programms beendet.

Name	Operation	Operanden
	END	Startadresse des Programms

END muß immer die letzte Anweisung eines Primärprogramms sein. Im Operandenteil wird die Adresse angegeben, bei der das Programm nach dem Laden beginnen soll. Gewöhnlich ist dies die erste Befehlsadresse.

Beispiel:

Name	Operation	Operanden und Bemerkungen
PROGA	START	
ANFANG	BALR	3,0
	USING	*,3
	END	ANFANG

6.3.11. Die EQU-Anweisung

Die EQU-Anweisung wird benutzt, um einem symbolischen Namen die Länge und den Wert eines Ausdrucks im Operandenfeld zuzuordnen.

Name	Operation	Operanden
Symb. Name	EQU	Ausdruck

Der Ausdruck im Operandenfeld kann absolut oder relativ sein. Alle im Operandenfeld verwendeten Namen müssen vorher definiert sein.

Dem Symbol im Namensfeld werden dieselben Eigenschaften zugewiesen, die der Ausdruck im Operandenfeld hat. Das Längenmerkmal des Namens ist das des Operanden. Wenn dieser Operand ein Stern (*) oder ein selbstdefinierender Wert ist, ist das Längenmerkmal 1.

Mit der EQU-Anweisung können also Registernummern, direkten Daten und beliebigen anderen Werten symbolische Namen zugewiesen werden.

Beispiele:

```
R5          EQU     5
TEST        EQU     X'3F'
A1          EQU     *
```

Der symbolische Name R5 wird mit dem Wert 5 gleichgesetzt.
Der symbolische Namen TEST wird mit dem Wert $3F_{(16)}$ gleichgesetzt.
A1 wird mit dem Adreßpegelstand * gleichgesetzt.

6.4. Makroaufrufe

Makroaufrufe sind Aufrufe, die fertig codierte Befehlsfolgen in ein Programm einfügen, ähnlich wie bei einem Unterprogramm. Der Programmierer muß also nicht eine bestimmte Funktion, wie z. B. »Lesen von Datensätzen« Befehl für Befehl codieren. Er braucht nur die von ihm gewünschte Funktion in Form eines Makroaufrufs im Quellprogramm niederzuschreiben. Der Assembler holt den entsprechenden Makroaufruf bei der Übersetzung des Quellprogramms von einer Makrobibliothek und fügt ihn in das Programm ein. In modernen, dialogorientierten Betriebssystemen gibt es mindestens zwei Arten von Makroaufrufen. *Makroaufrufe des Ablaufteils* und *Makroaufrufe des Datenverwaltungssystems (DVS)*.

Bisher haben wir kennengelernt:

	DVS-Makros	Ablaufteilmakros
Lesen Satz	GET	RDATA
Ausgeben Satz	PUT	WRLST
Programmende		TERM

Der Ablaufteilmakro WROUT ist ähnlich wie WRLST, nur daß WROUT Sätze nach der logischen Systemdatei SYSOUT ausgibt. SYSOUT ist im Dialogbetrieb immer die Datensichtstation. Dialogbetrieb bedeutet, daß ein Programm von einer Datensichtstation aus geladen und gestartet wird. Bis einschließlich Teil III dieses Lernprogramms werden alle Ein-/Ausgabeoperationen mit Makroaufrufen des Ablaufteils durchgeführt. DVS-Makros werden zusammenhängend in Teil IV erläutert.

6.4.1. Lesen eines Satzes, GET

Mit diesem Makroaufruf wird der nächstfolgende Satz einer Eingabedatei im Eingabebereich zur Bearbeitung verfügbar.

Name	Operation	Operanden
Symb.Name oder leer	GET	Dateiname

Im Namensfeld des Makroaufrufes kann eine symbolische Adresse stehen. Im Operandenfeld wird der Name des entsprechenden Dateisteuerblocks angegeben.

6.4.2 Ausgeben eines Satzes, PUT

Mit PUT werden Sätze ausgegeben, die in einem Ausgabebereich aufgebaut wurden.

Name	Operation	Operanden
Symb.Name oder leer	PUT	Dateiname

Im Namensfeld des Makroaufrufes kann eine symbolische Adresse stehen. Im Operandenfeld wird der Name des entsprechenden Dateisteuerblocks angegeben.

6.4.3. Programmende, TERM

Mit diesem Makroaufruf wird dem Betriebssystem das Ende des Programms mitgeteilt.

Name	Operation	Operanden
Symb.Name oder leer	TERM	

Im Namensfeld kann der Makroaufruf mit einer symbolischen Adresse versehen werden.

6.4.4. Lesen von SYSDTA, RDATA

Mit dem Makroaufruf RDATA wird der nächste logische Satz von der Systemdatei SYSDTA gelesen.

Name	Operation	Operanden
[Symb. Name]	RDATA	Einb,Fehler [,Länge]

Einb gibt die symbolische Adresse des Eingabebereiches an in den der Makroaufruf die gelesenen Daten überträgt.

Fehler gibt eine symbolische Adresse an, zu der verzweigt wird, wenn eine besondere Bedingung oder ein Fehler bei der Ausführung des Makros auftritt. Dies kann sein:
- Dateiende (letzter Satz in der Datei ist bereits gelesen).
- Abschneiden eines zu langen Satzes
  (der zu lesende Satz ist größer als im Makroaufruf im Längenoperand angegeben ist).

Länge gibt die maximale Länge des zu lesenden Satzes an. Fehlt dieser Operand, so gilt die implizite Länge des Eingabebereiches.

Der Satz wird immer linksbündig in den Eingabebereich übertragen. Ist der gelesene Satz kürzer als der Eingabebereich, so bleibt der Rest des Eingabereich unverändert.

Der Makroaufruf RDATA liest Dateien mit Sätzen fester Länge (alle Sätze sind gleich lang) und Dateien mit Sätzen variabler Länge (die Sätze sind unterschiedlich lang).

RDATA liefert allerdings *immer* Sätze variabler Länge im Eingabebereich ab.

Satzaufbau von Sätzen variabler Länge:

Satz		
Satzlängenfeld		Satzinhalt (n Bytes)
2 Bytes	2 Bytes	Satzinhalt (n Bytes)
Länge	reserv.	

Ein Satz variabler Länge besteht aus dem Satzlängenfeld und dem eigentlichen Satzinhalt. In den ersten beiden Bytes steht die Satzlänge (einschließlich der 4 Bytes des Satzlängenfeldes) als Festpunktzahl. Byte 3 und Byte 4 des Satzlängenfeldes sind reserviert.

6.4.5. Übertragen nach SYSLST, WRLST

Mit dem Makroaufruf WRLST wird ein Satz nach der logischen Systemdatei SYSLST übertragen. SYSLST ist standardmäßig dem Drucker zugeordnet.

Form von WRLST:

Name	Operation	Operanden
[Symb. Name]	WRLST	Ausb,Fehler

Ausb ist die symbolische Adresse des Ausgabebereiches aus dem der Satz zu übertragen ist.

Fehler ist eine symbolische Adresse, zu der verzweigt wird, wenn eine besondere Bedingung oder ein Fehler bei der Makroausführung auftritt.

Die Länge eines mit WRLST auszugebenden Satzes wird nicht im Makroaufruf, sondern im Satz selbst angegeben. Ebenso muß auch die Steuerung des Druckers im Satz angegeben werden.

Satzaufbau für Sätze die mit WRLST ausgegeben werden:

Satz				
Satzlängenfeld		STB	Satzinhalt (n Bytes)	
2 Bytes	2 Bytes			
Länge	reserv.			

Die ersten 4 Bytes des Ausgabesatzes enthalten das Satzlängenfeld. In die ersten 2 Bytes dieses Satzlängenfeldes wiederum ist die gewünschte Länge des auszugebenden Satzes (= Länge des Satzinhalts + 4 Bytes Satzlängenfeld + 1 Byte für die Druckersteuerung) einzutragen.

In das 5. Bytes (Steuerbyte) des Ausgabesatzes ist das gewünschte Druckervorschubzeichen einzutragen. Die eigentliche Satzlänge ist also immer um 5 Bytes (Verwaltungsdaten) zu erhöhen. Der Makro WRLST überträgt aber nur den eigentlichen Satzinhalt. Also ab der Adresse Ausb + 5.

6.4.6. Übertragen nach SYSOUT, WROUT

Mit dem Makroaufruf WROUT wird ein Satz nach der Logischen Systemdatei SYSOUT übertragen. SYSOUT ist im Dialogbetrieb immer die Datensichtstation von der das Programm geladen und gestartet wird. Für WROUT gelten die gleichen Regeln und Formalismen wie für WRLST. Im Dialogbetrieb wird jedoch der Inhalt des Steuerbyte ignoriert.

6.5. Druckervorschubzeichen

Bei Ausgabe von Sätzen nach SYSLST muß die Information über die Druckersteuerung vom Benutzer angegeben werden. In der Regel wird dies im Steuerbyte eingetragen. Das Steuerbyte ist im Ausgabesatz unmittelbar vor den auszugehenden Daten zu definieren. Da Druckersteuerzeichen normalerweise nicht abdruckbare Binärmuster sind, wird das Steuerbyte mit X-Konstanten versorgt (X-Konstanten siehe Anhang Seite A48).

Druckervorschubzeichen:

X'4n' = **Vor** dem Drucken wird um **n** Zeilen vorgeschoben
   (n = 0 bis F)
X'0n' = **Nach** dem Drucken wird um **n** Zeilen vorgeschoben
   (n = 0 bis F)
   n = 0 bedeutet – Kein Vorschub –

Die o. g. Druckersteuerzeichen gelten immer, auch wenn der Drucker *nicht* durch einen Lochstreifen gesteuert wird. Wird der Drucker durch einen Lochstreifen gesteuert (Normalfall), so können zusätzlich die Kanäle des Lochstreifens angesprungen werden.

Dann bedeuten:

X'Cn' = **Vor** dem Drucken Sprung zu Kanal **n**
   (n = 1 bis 8, A, B)
X'8n' = **Nach** dem Drucken Sprung zu Kanal **n**
   (n = 1 bis 8, A, B)
X'C1' = Beginn einer neuen Seite.

Standardmäßig wird das Papier immer um eine Zeile nach dem Drucken bei jedem Druckvorgang vorgeschoben. Dies bleibt auch erhalten, wenn der Benutzer das Steuerbyte mit einem Vorschub vor dem Drucken versorgt. Der Code X'41' bewirkt also »Vorschub um 1 Zeile vor dem Drucken« und zusätzlich 1 Zeile nach dem Drucken. Nur der Code X'00' unterdrückt den Standardvorschub.

6.6. Logische Systemdateien

Die u. g. Systemdateien sind im Siemens Betriebssystem BS2000 vorhanden. In anderen Betriebssystemen sind gleiche oder ähnliche Systemdateien vorhanden.

Als Systemdateien werden in einem Prozeß standardisierte, vom System vorgegebene Eingabequellen oder Ausgabeziele bezeichnet. Sie werden vom System selbst verwendet, um Ein-/Ausgaben durchzuführen und sind auch Benutzerprogrammen über Makroaufrufe zugänglich. Der Benutzer kann die vorgegebene Standardzuweisung mit Hilfe bestimmter Systemkommandos verändern.

Log. Systemdatei	Standardzuordnung	Verwendung
SYSCMD	Die Datensichtstation von der das /LOGON-Kommando kommt.	Von SYSCMD werden die Kommandos erwartet, die der Benutzer gibt, um seinen Prozeßlauf zu steuern
SYSDTA	wie bei SYSCMD	SYSDTA dient zur Eingabe von Daten für Benutzerprogramme
SYSLST	Drucker	SYSLST dient zur Ausgabe von Datenmengen
SYSOPT	LK-Stanzer	SYSOPT dient zur Ausgabe von Daten im Lochkartenformat
SYSOUT	Datensichtstation	Ausgabe von Daten durch das Betriebssystem und den Benutzer

6.7. Übersicht der behandelten Befehle

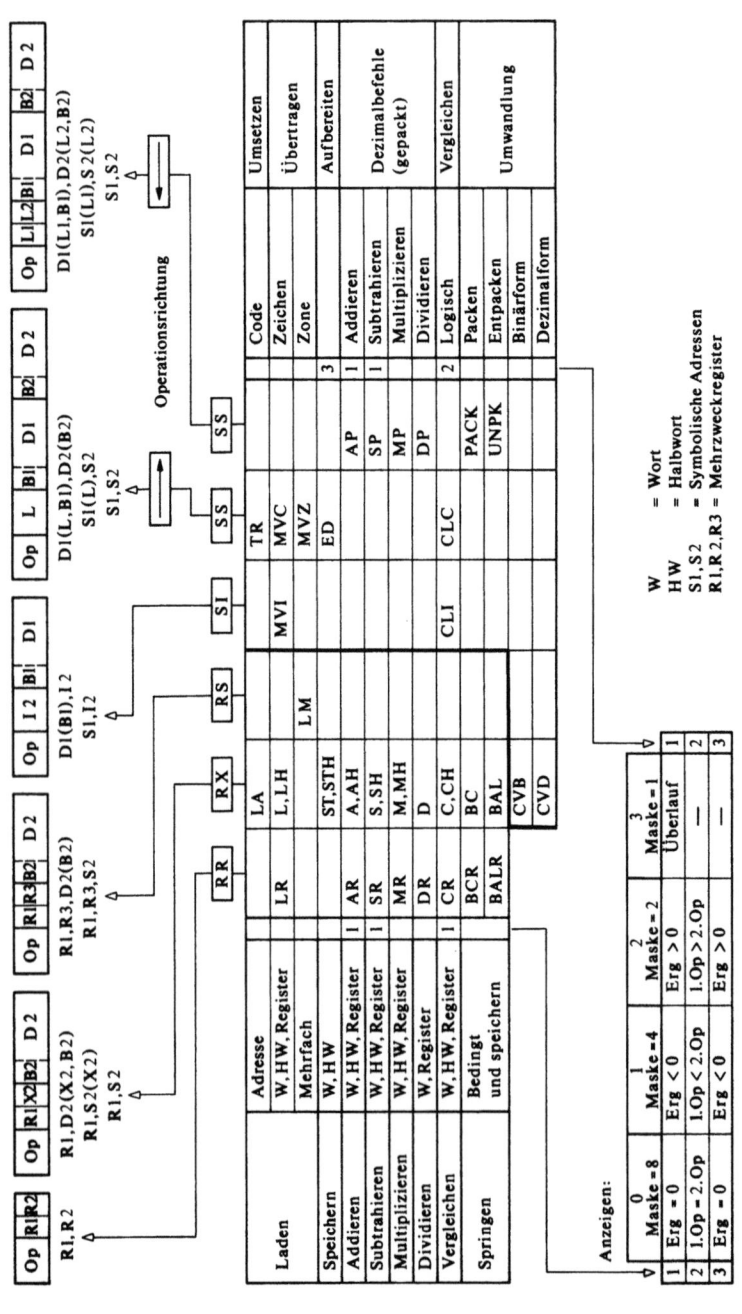

6.8. EBCDI-Code-Tabelle

(Extended Binary Coded Decimal Interchange Code)

EBCDIC	Sedez. Verschl.	Schnelldrucker Zeichen	Erklärung
1100 0001	C1	A	
1100 0010	C2	B	
1100 0011	C3	C	
1100 0100	C4	D	
1100 0101	C5	E	
1100 0110	C6	F	
1100 0111	C7	G	
1100 1000	C8	H	
1100 1001	C9	I	
1101 0001	D1	J	
1101 0010	D2	K	
1101 0011	D3	L	
1101 0100	D4	M	
1101 0101	D5	N	
1101 0110	D6	O	
1101 0111	D7	P	
1101 1000	D8	Q	
1101 1001	D9	R	
1110 0010	E2	S	
1110 0011	E3	T	
1110 0100	E4	U	
1110 0101	E5	V	
1110 0110	E6	W	
1110 0111	E7	X	
1110 1000	E8	Y	
1110 1001	E9	Z	
1111 0000	F0	0	
1111 0001	F1	1	
1111 0010	F2	2	
1111 0011	F3	3	
1111 0100	F4	4	
1111 0101	F5	5	
1111 0110	F6	6	
1111 0111	F7	7	
1111 1000	F8	8	
1111 1001	F9	9	
0100 0000	40	Blank	Zwischenraum
0100 1010	4A	¢	Centzeichen
0100 1011	4B	.	Punkt
0100 1100	4C	<	Kleiner als
0100 1101	4D	(	Klammer auf
0100 1110	4E	+	Plus
0100 1111	4F	|	Senkrechter Strich
0101 0000	50	&	Und

EBCDIC	Sedez. Verschl.	Schnelldrucker Zeichen	Erklärung
0101 1010	5A	!	Ausrufungszeichen
0101 1011	5B	$	Dollarzeichen
0101 1100	5C	*	Stern
0101 1101	5D	)	Klammer zu
0101 1110	5E	;	Semikolon
0101 1111	5F	¬	Nicht
0110 0000	60	−	Minus
0110 0001	61	/	Schrägstrich
0110 1010	6A	∧	Logisch und
0110 1011	6B	,	Komma
0110 1100	6C	%	Prozent
0110 1101	6D	—	Unterstreichung
0110 1110	6E	>	Größer als
0110 1111	6F	?	Fragezeichen
0111 1010	7A	:	Doppelpunkt
0111 1011	7B	#	Nummer
0111 1100	7C	@	a
0111 1101	7D	'	Apostroph
0111 1110	7E	=	Gleichheitszeichen
0111 1111	7F	„	Anführungszeichen
1111 1111	FF	◇	Raute

6.9. Rechnerinterne Datendarstellung und Datenformate

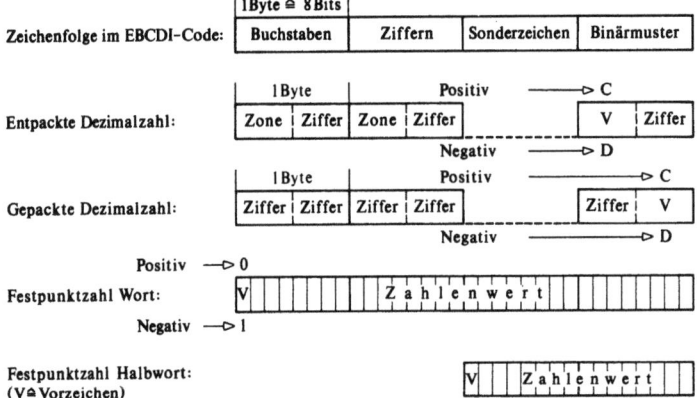

Bei den gepackten Datenformaten werden außer den bezeichneten Vorzeichen (C und D) noch A, F, E als positive und B als negatives interpretiert.

Festpunktzahlen haben ein Format fester Länge (Wort oder Halbwort), das sich aus dem Vorzeichen (Bit 2^{31} oder Bit 2^{15}) und dem darauffolgenden Zahlenfeld (Bit 2^{30} bis 2^0 oder 2^{14} bis 2^0) zusammensetzt. Damit bestimmen sich die maximalen Werte zu $2^{31} - 1 = 2\ 147\ 483\ 647$ ($2^{15} - 1 = 32\ 767$) bei positiven Zahlen und $2^{31} = 2\ 147\ 483\ 648$ ($2^{15} = 32\ 768$) bei negativen Zahlen.

6.10. Umrechnungstabelle Sedezimal-Dezimal

Zweite Ziffer

Erste Ziffer

	0	1	2	3	4	5	6	7	8	9	A	B	C	D	E	F
0	000 00000	001 00256	002 00512	003 00768	004 01024	005 01280	006 01536	007 01792	008 02048	009 02304	010 02560	011 02816	012 03072	013 03328	014 03584	015 03840
1	016 04096	017 04352	018 04608	019 04864	020 05120	021 05376	022 05632	023 05888	024 06144	025 06400	026 06656	027 06912	028 07168	029 07424	030 07680	031 07936
2	032 08192	033 08448	034 08704	035 08960	036 09216	037 09472	038 09728	039 09984	040 10240	041 10496	042 10752	043 11008	044 11264	045 11520	046 11776	047 12032
3	048 12288	049 12544	050 12800	051 13056	052 13312	053 13568	054 13824	055 14080	056 14336	057 14592	058 14848	059 15104	060 15360	061 15616	062 15872	063 16128
4	064 16384	065 16640	066 16896	067 17152	068 17408	069 17664	070 17920	071 18176	072 18432	073 18688	074 18944	075 19200	076 19456	077 19712	078 19968	079 20224
5	080 20480	081 20736	082 20992	083 21248	084 21504	085 21760	086 22016	087 22272	088 22528	089 22784	090 23040	091 23296	092 23552	093 23808	094 24064	095 24320
6	096 24576	097 24832	098 25088	099 25344	100 25600	101 25856	102 26112	103 26368	104 26624	105 26880	106 27136	107 27392	108 27648	109 27904	110 28160	111 28416
7	112 28672	113 28928	114 29184	115 29440	116 29696	117 29952	118 30208	119 30464	120 30720	121 30976	122 31232	123 31488	124 31744	125 32000	126 32256	127 32512
8	128 32768	129 33024	130 33280	131 33536	132 33792	133 34048	134 34304	135 34560	136 34816	137 35072	138 35328	139 35584	140 35840	141 36096	142 36352	143 36608
9	144 36864	145 37120	146 37376	147 37632	148 37888	149 38144	150 38400	151 38656	152 38912	153 39168	154 39424	155 39680	156 39936	157 40192	158 40448	159 40704
A	160 40960	161 41216	162 41472	163 41728	164 41984	165 42240	166 42496	167 42752	168 43008	169 43264	170 43520	171 43776	172 44032	173 44288	174 44544	175 44800
B	176 45056	177 45312	178 45568	179 45824	180 46080	181 46336	182 46592	183 46848	184 47104	185 47360	186 47616	187 47872	188 48128	189 48384	190 48640	191 48896
C	192 49152	193 49408	194 49664	195 49920	196 50176	197 50432	198 50688	199 50944	200 51200	201 51456	202 51712	203 51968	204 52224	205 52480	206 52736	207 52992
D	208 53248	209 53504	210 53760	211 54016	212 54272	213 54528	214 54784	215 55040	216 55296	217 55552	218 55808	219 56064	220 56320	221 56576	222 56832	223 57088
E	224 57344	225 57600	226 57856	227 58112	228 58368	229 58624	230 58880	231 59136	232 59392	233 59648	234 59904	235 60160	236 60416	237 60672	238 60928	239 61184
F	240 61440	241 61696	242 61952	243 62208	244 62464	245 62720	246 62976	247 63232	248 63488	249 63744	250 64000	251 64256	252 64512	253 64768	254 65024	255 65280
	0	1	2	3	4	5	6	7	8	9	A	B	C	D	E	F

Beispiele:

A) Dezimalzahl 51966 in Sedezimalzahl

$$\begin{aligned}\text{In der Tabelle vorhandene nächstkleinere Zahl} &= 51712_{(10)} \triangleq CA_{(16)} \\ \text{Differenz: } 51966_{(10)} - 51712_{(10)} &= 00254_{(10)} \triangleq 00\, FE_{(16)} \\ \hline 51966_{(10)} &\triangleq CAFE_{(16)}\end{aligned}$$

B) Sedezimalzahl AFFE in Dezimalzahl

$$\begin{aligned} AF\,00_{(16)} &\triangleq 44800_{(10)} \\ 00\,FE_{(16)} &\triangleq 00254_{(10)} \\ \hline AFFE_{(16)} &\triangleq 45054_{(10)} \end{aligned}$$

6.11. Symbole für Programmablaufpläne nach DIN 66001 – Symbole für Struktogramme

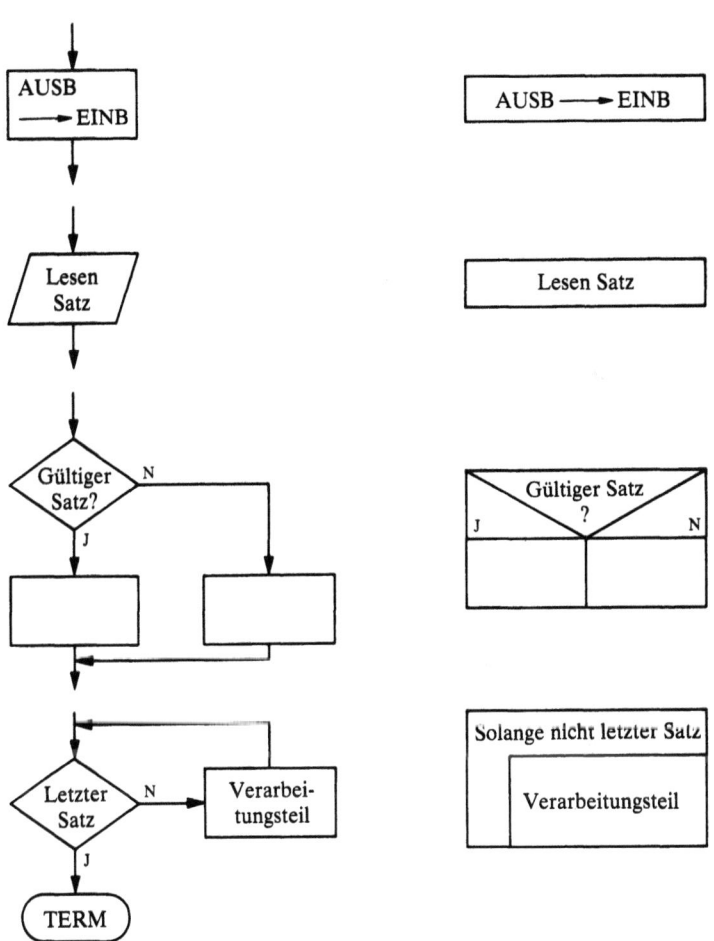

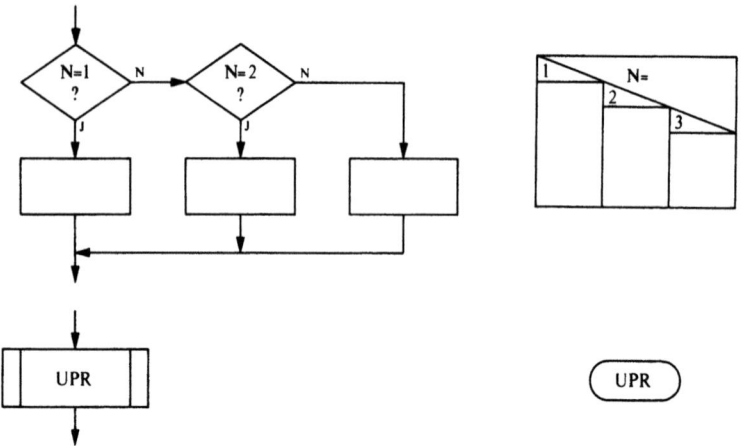

Sachverzeichnis

A-Befehl (Add Word) 18 ff., A32
Absolute Adressenwerte 34 f., A65
Additionsbefehle 6 f., 18 f., A27, A32 f., A76
Adressenerweiterung 44 ff.
– modifizierung 29, 30, 32
Adressenrechnung 27 ff.
Adreßkonstanten 34 f., 48, 49
Adreßwert, s. Basisadreßwert
AH-Befehl (Add Halfword) 18 ff., A32
Anzeigen A76
AP-Befehl A27
AR-Befehl (Add Word Register) 6 ff., A32
Argumentbyte 70
Assembleranweisungen A57 ff.
– schreibweisen A24, A76
– sprache A21 f.
Aufbereitungsbefehl, s. ED-Befehl
– maske 52 f.
Ausdrücke A65

BAL-Befehl A48
BALR-Befehl A48
Basisadreßwert 44, 45, 48, A59
BC-Befehl A45
BCR-Befehl A45, A46
Befehle, s. Befehlsübersicht
Befehlsformate A24, A76
– typen A23
– übersicht A76

C-Befehl (Compare Word) 19 ff., A39
CH-Befehl (Compare Halfword) 19 ff., A39
CLC-Befehl A51
CLI-Befehl A51
Code-Tabelle 67
Code-Umsetzung 67, 69
CR-Befehl (Compare Word Register) 7 ff., A39

CVB 3 ff., A31, A76
CVD 3 ff., A31, A76

DATA A58
Datendarstellung, s. Interne Datendarstellung
Datenformate 1 f., A79
D-Befehl (Divide Word) 20 ff., A38
DC-Anweisung A62 f.
Dezimalbefehle A25 ff., A76
Divisionsbefehle 9 f., 20 f., A30, A38, A76
DOUBLE A58
DP-Befehl A30
DR-Befehl (Divide Word Register) 9 ff., A38
Druckaufbereitung 52
Druckervorschubzeichen A74
DS-Anweisung A60 f.

EBCDI-Code A77 f.
Edit-Befehl (ED-Befehl) 52 ff., A53 f.
Elementarausdrücke 34, A65
END-Anweisung A69
EQU-Anweisung 49, A69
Explizite Adressierung 30, 32 ff., 38 f., A24
Explizite Schreibweise 32 f., A24, A76

Feldteiler 59, 60 f., A53
Festpunktarithmetik 1 ff., 15 ff.
– befehle 1, A31 ff., A76
– zahl 1 f., A79
Füllzeichen 54, 56, A53
Funktionsbyte 70

Geltender Ziffernbeginn 59 f., 60, A53
GET-Makro A74

Halbwortbefehle 17

Index
- adressierung 23f.
- register 15f., 23f.

Indizierte Adresse 15f., 24
Indizierung 15f., 23f.
Interne Datendarstellung A79

Konstanten (Konstantendefinitionen) 17f., A62f.
Konvertierungsbefehle 3ff., A31, A76

LA-Befehl (Load Adress) 35ff., 37f., A43
Ladebefehle 7f., 19f., 35f., 46f., A41ff., A76
Längenmerkmal 66f.
L-Befehl (Load Word) 19ff., 34, 47, A41
LH-Befehl (Load Halfword) 19ff., A41
Literale 24, A66
LM-Befehl (Load Multiple) 46ff., A42
Logische Befehle A49f., A76
Logische Systemdateien A75
Löschen Register 19
LR-Befehl (Load Word Register) 7ff., A41

Makroaufrufe (Makrobefehle) A70ff.
Markierschalter 62f., 64
Maskenfeld 53
- zeichen 59

M-Befehl (Multiply Word) 20ff., A36
MH-Befehl (Multiply Halfword) 20ff., A36
Modul A22
MP-Befehl A29
MR-Befehl (Multiply Word Register) 9ff., A36
Multiplikationsbefehle 9f., 20f., A29, A36f., A76
MVC-Befehl A49
MVI-Befehl A49
MVZ-Befehl A50

NOGEN A58

Objektmodul A22
OFF A58
ORG-Anweisung A67

PACK-Befehl A25
PRINT-Anweisung A58
Programm
- ablaufplan A81
- schleife 29, 31

Pseudosprungbefehl A47
PUT-Makro A74

RDATA A72
Redefinition
- wiederholungsfaktor A61
- ORG-Anweisung A67

Registerbefehle, s. RR-Befehle
Relative Adressenwerte 34f., A65
RR-Befehle 5ff., A76
RS-Befehle 46, A76
RX-Befehle 15ff., A76

S-Befehl 18ff., A34
Sedezimales Zahlensystem A79
SH-Befehl 18ff., A34
SP-Befehl A28
Speicherbefehle, s. Store-Befehle
Sprungbefehle A45f., A76
SR-Befehl (Subtract Word Register) 6ff., A34
START-Anweisung A57
ST-Befehl (Store Word) 22ff., A44
Steuerzeichen 54, 59, 61, A53
STH-Befehl (Store Halfword) 22ff., A44
Store-Befehle 22f., A44, A76
Struktogramm A81
Subtraktionsbefehl 6f., 18f., A28, A34f., A76
Systemdateien A75

Tabellenverarbeitung 23f.
TERM A75
TITLE-Anweisung A57f.
TR-Befehl (Translate Befehl) 67ff., A56
Trigger, s. Markierschalter

Übertragungsbefehle, s. Logische Befehle
Umwandlungsbefehle, s. Konvertierungsbefehle
Unbedingter Sprung A45, A47
UNPK-Befehl A26
USING-Anweisung 45, 48, 49, A59

Verdoppelung 38
Vergleichsbefehl 7f., 19f., A39f., A51f., A76

Wortbefehle 17
Wohlstrukturierte Programmierung 49f.

WRLST A73
WROUT A74

Ziffernauswahlzeichen 54f., A53
Zusammengesetzte Ausdrücke 34, A65
Zuweisung mehrer Basisadreßregister 44ff.

W. Jordan, D. Sahlmann, H. Urban

Strukturierte Programmierung

Einführung in die Methode und ihren praktischen Einsatz zum Selbststudium

2., überarbeitete Auflage. 1984. Mit zahlreichen unnummerierten Abbildungen. VIII, 239 Seiten. Broschiert DM 78,-. ISBN 3-540-13095-0

Inhaltsübersicht: Hinweise zum Selbststudium. - Einführung. - Methode der Strukturierten Programmierung. - Darstellungsmittel für die Stukturierte Programmierung. - Umsetzung des Entwurfs in Primärcode. - Beispiele und Übungen zur Strukturierten Programmierung. - Strukturierte Progammierung und Software-Entwicklung. - Sachregister.

Aus den Besprechungen: „...Das Buch ist systematisch aufgebaut und die Inhalte lassen sich flüssig erarbeiten. Es hilft den an der Entwicklung von Software Beteiligten, ihre Arbeitsweise zu überprüfen und zu verbessern. Auch der mit der Methode vertraute Leser findet noch Anregungen und Hinweise..."   *Online*

„...Die beiden Autoren machen mit dem vorliegenden Buch in didaktisch ausgezeichneter Form den Leser mit der Methode und den Zielen der strukturierten Programmierung sowie den Darstellungsmitteln, die diese methodische Anwendung unterstützen, vertraut. Zahlreiche Beispiele und zugehörige Lösungen in den verschiedensten Programmiersprachen (FORTRAN, COBOL, Assembler) erleichtern das Verständnis und die Anwendung des gelernten Stoffes in der Praxis..."
Österreichische Ingenieur-Zeitschrift

Springer-Verlag
Berlin Heidelberg New York
London Paris Tokyo

W. Sammer, H. Schwärtzel

CHILL

Eine moderne Programmiersprache für die Systemtechnik

1982. 165 Abbildungen. XIII, 191 Seiten.
Broschiert DM 84,-. ISBN 3-540-11631-1

Inhaltsübersicht: Entstehungsgeschichte und Anwendungsgebiete von CHILL. Sprachkonzept und Sprachumfang. - Aspekte der Compilerimplementierung. - Ausblicke und Konzeptionen. - Literaturverzeichnis. - Sachverzeichnis.

W. Remmele

PASCAL systematisch

Eine strukturierte Einführung

Unter Mitwirkung von F. Heston

Illustrationen von A. Seiling

1983. Mit zahlreichen Abbildungen.
XI, 237 Seiten. Broschiert DM 64,-.
ISBN 3-540-12250-8

Inhaltsübersicht: Programme. - Daten, Datentypen. - Strukturierte Datentypen. - Pointers. - Dateien: Allgemeine Ein-/Ausgabe. - Funktionen und Prozeduren. - Das GOTO-Statement. - Programmentwicklung. - Anhang. - Literaturhinweise. - Sachverzeichnis.

Springer-Verlag
Berlin Heidelberg New York
London Paris Tokyo

MIX
Papier aus verantwortungsvollen Quellen
Paper from responsible sources
FSC® C105338

If you have any concerns about our products,
you can contact us on
ProductSafety@springernature.com

In case Publisher is established outside the EU,
the EU authorized representative is:
**Springer Nature Customer Service Center GmbH
Europaplatz 3, 69115 Heidelberg, Germany**

Printed by Libri Plureos GmbH
in Hamburg, Germany